보이차 수첩

| 일러두기 |

※ 중국말은 현지음을 따르지 않고 한자어 발음으로 표기했습니다. 다만 지명의
   중국어 발음은 뒤에 부록으로 실었습니다.
※ 『보이차 수첩』 출간과 함께 블로그에서 보이차와 관련한 Q&A를 진행합니다.
   글을읽다_http://blog.daum.net/geuleul

보이차 수첩

글을읽다 엮음

글을
읽다

보이촌, 보이차 생각

보이차가 새삼스레 각광을 받고 있다. 새삼스럽다는 것은 이런 일이 과거에도 있었다는 의미이다. 청 제국시절, 중원을 통치하던 만주의 지배자들은 몽고와 티베트 등과 연합하고 있었다. 이들은 오래 전부터 '유목민'으로서의 생활 방식을 공유하고 있었고 또 티베트불교를 통하여 정신적인 유대감이 있었다. 보이차가 청대에 중원의 통치자들에게 전에 없는 예우를 받을 수 있었던 것은 다 까닭이 있었던 것이다. 이 시기 보이차는 만주 황제들의 후광에 힘입어 유럽에까지 진출하는 기염을 토하였다.

21세기, 현대사회의 특징을 '뉴노마드'라고 하였던가. 보이차가 새삼 우리 곁에 가까이 왔으니 이 또한 무슨 조화인가. 또 현대사회의 특징 중 하나는 '해체'일 것이다. 우리는 과거의 많은 것들로부터 일탈되었다. 그것은 해방이기도 하고 전환이기도 하며 뒤바뀜이기도 하다. 음양이 일대 전환을 시작한 것이다. 남녀가 그렇고 동서가 그러하며 중심과 주변, 강약이 그러하다. 산간벽지는 명승지로, 야만과 미개는 태초의 원형으로 탐색의 대상이 되고 있다.

보이차의 각광은 바로 이러한 조류의 하나일 것이다. 보이차가 중국의 명차 대열에 끼게 된 것은 실제 극히·최근의 일로, 과거 보이차는 그저 변방의 소수민족들이 음용하는 싸구려 음료일 뿐이었다. 많은 중국인들에게 있어서 보이차는 '변차邊茶'에 지나지 않았던 것이다. 처음에는 홍콩과 대만의 일부 상인들이 자본을 대거 투입한 것이 발단이었고, 그 뒤를 일본이 좇더니 이제는 졸부의 반열에 오른 중국인들이 대거 가세하고 있는 것이다.

보이차에 대한 우리의 관심도 만만치가 않다. 그간 스님들의 절간에서나 맛을 볼 수 있었던 보이차가 이제 시류를 타고 있다. 인사동 가게의 어느 구석진 곳에 놓여 있던 검은 덩어리의 보이차가 어느새 웰빙차라는 이름으로 전시장 앞면을 장식하고 있다. 보이차 전문 매장도 생겨났고 인터넷에서도 거래되고 있다. 보이차를 바로 알아야 할 시점이다.

글을읽다에서 보이차 관련 책을 내겠다고 하여 자료도 건네고 자문에 응하였더니 서문을 써 달라 한다. 책의 내용을 보니 보이차에 대한 개략적인 소개서이다. 실용 서적이라고 하였는데, 말 그대로 실용으로서는 꽤 쓸 만하다는 생각이 든다. 전문 지식을 요하는 부분은 언급하는 정도에서 그치고 있는 점이 아쉽기는 하지만, 사실 전문성이라고 하는 것이 몇 줄의 설명으로 가능한 일도 아니고 또 그 정도 요구가 있는 독자라면 스스로도 해결할 방도가 있을 것이다. 우선 누구나 쉽게 접근할 수 있고, 보이차에 관한 일반의 오류를 바로잡는 데도 도움이 될 수 있을 것으로 생각한다. 차를 벗 삼는 이로서, 이 책자의 출판을 위하여 애쓰신 분들께 감사를 드리고 싶다.

2009년 7월

조재송(한신대 중문과 교수)

| 차례 |

2 보이, 알고 즐기자

3 보이, 제대로 마시기

부록

1
보이차, 그 역사

보이차란?

운남雲南의 특정 지역에서 생산되는 차의 명칭이다. 대엽종의 찻잎을 덖어 말린晒靑 원차毛茶를 원료로 하여 특정한 발효과정을 거쳐 생산된다. 발효는 자연발효가 원래의 의미이나 오늘날에는 인공 발효법이 개발되어 널리 응용되고 있다. 최근엔 다시 자연발효를 추구하는 방향으로 나가고 있다. 생산된 차의 형태에 따라, 잎차散茶와 압축차緊壓茶로 나뉜다.

보이차는 운남의 특정 지역에서 대엽종의 차를 원료로 제조한다. 사진은 보이차 나무.

보이차의 산지

    전통적으로 보이차의 산지는 6대 차산으로 통칭된다. 지리적으로 중국 운남雲南 남부와 서남부 일대에 분포하고 있으며 해발 약 1700미터 고도의 산지에 야생의 대엽종 차나무가 대단위로 자생하고 있다. 구체적으로는 서쌍판납西雙版納(현재의 경홍景洪)을 흘러가는 난창강瀾滄江 일대이며, 난창강 이북의 이무易武를 중심으로 한 일대를 강북 혹은 강내로 칭하고 그 이남은 불해佛海(현재의 맹해勐海)를 중심으로 한 지역으로 강남 혹은 강외로 부른다. 강내 6대 산지는 이무를 위시하여 의방倚邦, 혁등革登, 망지莽芝, 만전蠻磚, 가포架布 그리고 지리적으로 강외이지만 유락산攸樂山을 포함한다. 이 일대의 차는 산차山茶로 불리며 질적인 면에서 월등한 것으로 평가되고 있다. 강외 지역은 불해, 고리庫里(현재의 경홍景洪, 경매景邁) 등지의 고산차古山茶를 지칭하며 이 산지에서 생산되는 차의

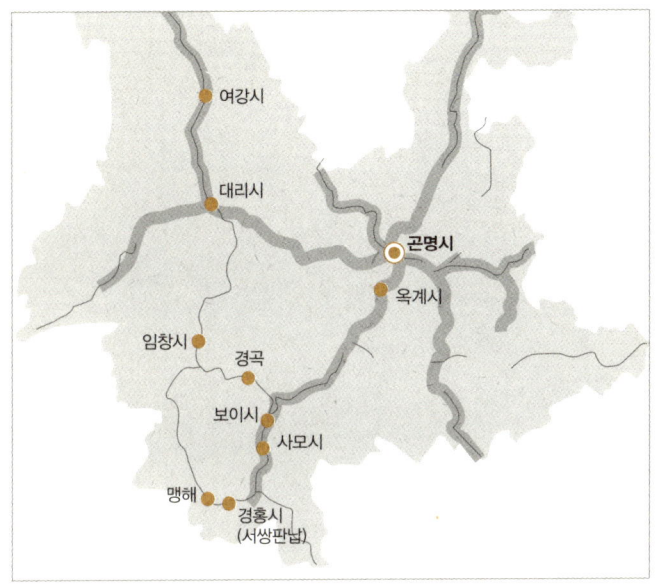

보이차가 생산되는 중국 운남성의 지도.

양은 강내를 훨씬 능가하고 있다. 현재 이 일대는 산 구릉을
개간하여 차밭을 조성하고 있는데, 이는 산차와 구분하여 대
지차臺地茶(계단식 밭에서 생산된 차), 즉 밭차 혹은 재배차라고
부른다.

　보이차의 주요 산지인 이 지역은 차의 생장에 더 없이 좋은
환경을 갖고 있다. 알맞은 온도와 적절한 습도 그리고 토양
조건이 그렇다.

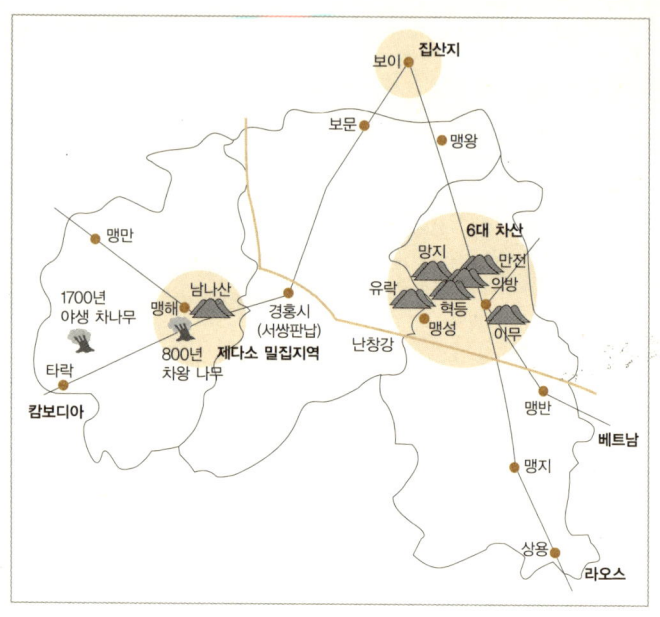

보이차 산지의 지도. 보이차는 중국 운남성 서남부의 고원지대에서 생산되며 6대 산지가
가장 유명하다.

    기후는 전형적인 아열대 몬순기후로 온난 다습하다. 식생
이 매우 풍부하여 중국 최대의 열대식물원이 여기에 자리 잡
고 있다. 현재 행정구역상으로는 운남성의 서쌍판납자치구이
며, 캄보디아 북부, 베트남의 동북부와 경계선을 맞대고 있
다. 최근에는 캄보디아 북부의 삼림에서도 대규모의 야생차
군락지가 발견되었다. 이 지역에서는 수령 1천 년이 넘는 원
조 격 차나무가 발견되었는데 일부에서는 이를 근거로 이곳

이 세계 차나무의 원산지라는 주장을 편다. 아주 옛날부터 차를 생산하고 또 이용하였다는 것을 알 수 있는 단서다.

난창강은 이 지역의 습도에 매우 중요한 기능을 한다. 습도는 차의 생육과 발효에 지대한 영향을 주는데, 난창강은 바로 티베트고원의 빙원에서 발원한 사실상 얼음이 녹은 물이다. 이 물이 이곳 아열대기후와 어우러지면서 일정한 작용을 하여 차를 위한 천혜의 조건을 만들고 있다. 지역 주민들은 그래서 차를 "자연이 만들어내고 신이 준 선사품"이라고 칭송하여 마지 않는다.

이 지역에서는 보이차만 생산되는 것이 아니다. 각종 녹차와 중국 각지에 공급되는 원료차를 생산하고 있다. 중국 홍차 대표적인 것의 하나인 '전홍滇紅' (滇은 띠엔이라는 발음으로 고대 이 지역에 세워졌던 국가의 명칭이었으며 현재도 운남성의 약칭으로 쓰이는 문자이다)의 생산지가 바로 이 일대이다. 가히 차의 본고장이라고 할 만하다.

보이차는 흔히 보이普洱에서 생산되는 차를 가리키는 것으로 알고 있다. 그러나 보이普洱는 지역의 행정구역 명칭이었을 뿐이며 차의 생산지는 아니었다. 다만 보이차의 집산지이며 또 유통의 중심지이었던 탓에 이 지역의 명칭이 차를 대표하게 된 것이다. 정확히 말하면 운남성雲南省 남부의 사모현

난창강 풍경. 난창강은 보이차의 생육과 발효에 천혜의 조건을 만들고 있다. 티베트고원의 빙원에서 발원하여 운남성을 통과하고 베트남의 메콩강으로 흘러간다.

보이진思茅縣 普洱鎭이며, 차의 교역이 이루어지던 곳은 보이진의 녕이麻耳이라는 조그만 마을이다. 현재는 이 일대의 행정구역이 개편되어 보이시普洱市로 승격되었고 과거의 사모현은 보이시의 사모구로 바뀌었다.

과거와 또 다른 점은 현재 보이시 일대의 많은 곳에서 차를 재배, 가공하고 있다는 점이다. 보이차가 세계적으로 인기를 끌면서 재배지역도 급속하게 확대되고 있다. 과거 차 생산에 주력하지 않던 보이 지역은 물론, 경곡景谷, 맹고勐庫, 봉경鳳慶, 강성江城 등 운남 남부와 남서부 일대에서도 차밭을 개간

하여 차를 대량 생산하고 있다. 보이시에는 재배와 가공은 물론 제법 규모를 갖춘 보이차 교역센터가 여러 곳 있다. 과거 보이차 집산지이자 차마고도의 기점이었던 보이진 녕이 일대는 이제는 더 큰 보이차 교역이 이루어지고 있다.

보이차 용어 풀이

普洱茶(보이차, 푸얼차) 푸얼차란 중국 운남성의 지명인 푸얼부普洱府가 옛날 차의 집산지 역할을 한 데에서 얻어진 이름으로 '푸어차'로 쓰기도 하였다.

毛茶(모차) 원료차. 茶菁(차청)이라고도 하며 일차 가공된 찻잎으로 병차나 단차, 압축차 만들기 전의 원료차이다.

女兒茶(여아차) 초봄, 차나무의 순이 나고 잎을 틔우는 시절에 채취한 찻잎. 이른바 일아일엽一芽一葉을 사용하여 만든 고급차이다. 딸을 낳으면 그 혼사에 대비하여 만들어 두는 차라 하여 붙여진 이름이다. 이 여아차女兒茶에는 어린 처자의 가슴에 차를 품어 발효시켰다는 속설도 따른다.

樟香(장향) 녹나무 또는 예장나무로 불리는 이 나무를 우리나라에서는 쉽게 누구나 볼 수 있는 것이 아니기 때문에 그대로 장목樟木 또는 장향樟香이라 사용하였다.

喬木(교목) 야생 차나무. 키가 크게 자란 재배형 야생 차나무로 수백년 이상의 준야생 차밭에서 나는 나무, 또는 산에서 야생과 같이 자란 것이다.

灌木(관목) 재배 차나무. 대부분 1m 안팎의 작은 키로 재배차 밭에서 자라는 차나무.

霉變(매변) 저장 중인 차가 습기로 인하여 곰팡이가 많이 생겨 변질된 것. 매변 현상이 심한 것은 마실 수 없으나 약하면 오히려 그 곰팡이 균이 비만과 고혈압, 당뇨 등 성인병에 좋다고 알려지고 있다. 白霜(백상)이라는 말과 비슷한 의미이다.

보이차의 역사

보이차의 역사는 2천 년 전으로 거슬러 올라간다고 한다. 현지에서는 '무후유종武候遺種', 즉 제갈량(무후는 제갈공명)이 차 씨앗을 남겼다는 설이 있다. 그러나 이것은 보이차의 역사를 중원과 연계 짓는 중국식 특유의 '아전인수'이다. 다성茶聖으로 추앙되는 육우陸羽는 당나라 때 사람인데 불후의 명저 『다경茶經』에서 중국 차 산지를 모두 소개하면서도 보이차 산지는 언급하지 않고 있다. 이는 당시 보이차가 중국에 알려져 있지 않았던 증거라고 할 수 있다.

보이普洱(푸얼)는 현지 원주민인 '합니哈尼' 족의 말을 한자로 표기한 것으로, 普(po)는 촌락을 뜻하며 洱(er)는 '배가 닿을 수 있는 곳' 또는 '만灣'의 의미라 한다.

당나라 때는 이 일대를 '보일步日'이라는 한자어로 표기하였고 '은생절도사銀生節度使'가 관할했다고 한다. 이에 따라 여기서 생산된 차는 '은생차銀生茶'라는 이름으로 불리었다. 보이차의 전신인 셈이지만, 당시의 저작인 『다경』에 소개되지 않고 있는 점으로 미루어 별다른 명성은 없었던 듯하다. 번작樊綽이라는 이가 862년 운남에 사신으로 왔다가 남긴 글 『만서蠻書』에는 "은생 관할 지역의 여러 산에서 차가 생산되며, 채취와 제조에 일정한 방식은 없다. 야만의 토착인들은 이를 후추와 생강, 계피 등과 혼합하여 끓여서 마신다"고 하였다.

차가 교역 대상이 되기 시작한 것은 송나라 때의 일이다. 차의 효능이 유목사회에 널리 전해진 까닭일 것이다. 송 황실은 유목사회와 교역을 위하여 여러 지역에 '호시互市'라는 시장을 설치하였는데, 차와 말이 주요 교역품이었고 그 때문에 그 교역 활동을 '차마호시茶馬互市'라 불렀다. 그러나 여기에서도 운남의 차가 거래되었다는 기록은 없다. 송나라 때 범성대范成大의 기록에는 "남송시대 계림桂林의 정강靜江 일대에서는 차를 서번西番(현재의 티베트)의 말과 바꾸었다"고 하였는바, 운남의 차는 일체 언급되지 않고 있다. 남송 때의 『속박물지』에는 다만 『만서』와 같은 현지 차 풍속에 관한 내용만 들어 있다. 운남의 차 생산지역이 아직 중원 조정의 통치 범위에 들어 있지 않기 때문일 수도 있다.

보이차가 전기를 맞게 된 것은 몽고족의 중원 통치시대의 일이다. 쿠빌라이의 중원 공략은 북에서 남하하는 것이 아니라, 티베트고원을 넘어 운남에서 사천을 치는 전략이었다. 몽고군과 송군의 장기간에 걸친 대치 과정에서 쿠빌라이의 군대는 운남 일대에 오랫동안 주둔하였는데(그 후예들은 지금도 운남 일대에 집단 거주 형태로 산재해 있다) 그 영향은 막대한 것이었다. 몽고군의 이동에 따라 티베트고원의 교통로가 크게 확대되었고, 원 조정의 재상을 역임한 티베트의 승려 빡스파八思巴도 이때 쿠빌라이 칸에게 발탁되었다. 몽고와 티베트 양자가 모두 유목형 종교사회라는 공통분모를 바탕으로 문화적 융합이 이루어진 것이다. 보이차가 유목사회에 진입하는데 큰 계기가 되었다.

원 조정은 '보일步日'의 한자명을 보이普洱로 바꾸는 한편 여기에 '보이부普洱府'를 설치하였다. 여기서 생산된 차는 이때부터 '보차普茶'라는 이름으로 불리었다.

보이차普洱茶가 정식 한자명으로 정해진 것은 16세기(명 만력 연간)의 일이다. 이 시기에 보이차는 이미 6대 교역로(현재 말하는 차마고도)를 통하여 각 지역에 보급되고 있었다. 중국 본토, 티베트, 인도, 베트남, 캄보디아, 태국 등이 주요 소비처였다.

현재 운남 이무(易武)의 차순래(車順來) 집안에 소장돼 내려오고 있는 청 황실에서 내린 편액.

청나라 때는 보이차가 동남아 지역은 물론 유럽에까지 전해진다. 보이차는 청나라 조정의 특별한 '총애'를 받았다. 만주족 출신의 황제와 귀족들이 보이차에 각별한 관심을 쏟았기 때문이다. 이는 유목인 선조들로부터 얻은 경험이 큰 몫을

보이차의 다양한 이름

오방색 분류에 의하면 보이차는 흑차에 속한다. 하지만 보이차는 혼란스러울 정도로 여러 가지 명칭이 붙어다닌다. 그 주요 원인은 1970년대 후발효 공법이 개발되면서부터이다. 이전의 보이차 제다법은 하나로 단순하였지만, 후발효 공법 출현 이후로는 관점과 기준에 따라 다양한 명칭이 생겨났다. 전통 그대로의 차는 생보이(생병 혹은 청병)로, 인공발효시킨 차는 숙보이(숙병)로 이름하기도 하고, 또 제다법의 변화를 기준

으로 전통보이차와 현대보이차로 부르는 경우도 있으며, 발효를 강조하기 위하여 후발효 혹은 인공발효로 부르는 경우도 있다. 저장 기간을 강조하기 위하여 진년陳年(한자의 陳은 묵혔다는 뜻으로 숙성을 의미한다)보이차라는 이름도 있다. 물론, 차의 원료에 따라 궁정宮庭보이, 금아金芽보이 등의 명칭도 있지만, 이것은 단지 보이차의 종류를 지칭하는 것으로 품급을 강조하기 위한 것일 뿐, 보이차의 명칭은 아니다.

하였을 것이다. 청은 보이차 담당 전문기관을 현지에 설치하여 황궁의 진상품을 제조하게 하고 보이차 교역 일체를 관장하도록 하였다. 보이차가 규격화된 것도 옹정 황제 집정 시기의 일이다. 공차貢茶는 바로 청나라 황궁의 특별한 총애를 받아 만들어진 것으로, 황제가 외국사절에게 선사하는 주요 품목의 하나이었다. 톨스토이의 명작소설 『전쟁과 평화』에도 보이차가 출현한다. 보이차의 명성이 유럽에까지 전해진 것이다. 1897년 이후, 영국과 프랑스는 보이차 수출입을 위하여 사모·보이지역에 세관을 설치하였다.

하관下關과 불해佛海

하관下關은 대리大理시의 옛 명칭이며, 불해佛海는 현재 맹해勐海로 개명되었다. 전자는 운남의 서북부에 위치하며, 티베트로 이어지는 차마고도상의 거점지역에 해당한다. 맹해는 운남성 남부에 위치하여 캄보디아와 이웃하고 있으며, 보이차의 명산지로 알려진 6대 차산은 바로 이 일대에 분포되어 있다. 맹해는 과거부터 보이차의 주산지였으며 현재도 유수의 제다소는 물론 크고 작은 각종 제다소가 밀집되어 있는 지역이다(15쪽 운남성의 지도 참조).

보이차의 단계별 변화

보이차의 역사를 살펴보면 많은 지식을 얻을 수 있다. 매 단계마다 보이차의 역사가 깃들어 있는가 하면, 보이차의 생산과 변화, 발전 과정이 포괄되어 있기 때문이다. 대표적 사례를 살펴보자.

현재 보이차의 고유 형태로 알고 있는 압축형의 차는 당송唐宋 때 유행하던 보편적인 차의 형태이었다. 그 당시의 차는 쪄서 덩이를 만들어 말린 것이었으며, 10세기(송대) ~ 15세기(원대 말)까지는 '용봉단차龍鳳團茶' 등 '단차團茶' 형의 차로 불리었다. 차의 보급과 함께 운송상의 문제점을 보완하기 위하여 고안된 것으로 보인다. 당나라 때는 이것을 주전자에 삶듯이 우려내었고, 송대는 가루로 빻아 다완에 타서 마셨다. 이 때문에 당의 끽다는 '자다煮茶'라 하였고, 송대는 '점다點茶'라 불렀다. 송대의 점다법은 현재 일본 다도(말차抹茶)의 원조

격에 해당한다. 현재와 같이 다호茶壺를 사용하는 끽다법은 바로 명대에 잎차散茶의 음미에 적응할 수 있도록 창안된 것이다.

명대에 들어 제다법과 차의 형태에 근본적인 변화가 일어났다. 단차團茶가 금지되고 잎차가 주류를 이루었다. 단차는 투차鬪茶(일종의 차 경연대회)의 폐해를 시정하려는 명 태조의 명령으로 금지되었다고는 하지만 제다법의 발달과 운송 수단의 개선으로 인하여 그 필요성이 줄어든 이유도 있을 것이다. 산차, 즉 잎차는 차를 찌는 과정에서 맛이 순화되고 차 영양소의 손실을 크게 줄일 수 있는 장점이 있다. 이때부터 차를 마시는 도구와 방법도 크게 변화하였다.

보이차의 최전성기였던 청나라 중기에 나온 동경호(위)와 복원창호의 병차

보이차 역사에서 최고의 전성기는 청의 전기에서 중기(대략 1660-1870)까지였다. 보이차를 만드는 차장茶莊(차 상점)들이 우후죽순처럼 생겨났는데, 운남의 유명 상점만도 동경호同慶號, 복원창호福元昌號, 송빙호宋聘號, 동흥호同興號, 영춘호迎春號, 동창호同昌號, 동태창同泰昌, 가이흥可以興, 동순상同順祥, 원태

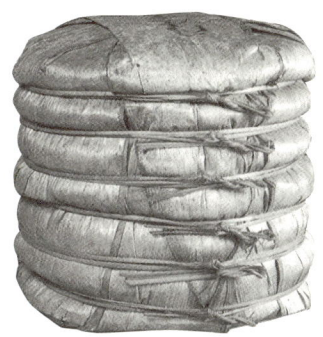

둥근 떡 모양의 병차(餠茶)인 운남칠자병차(왼쪽). 보이차의 전형적인 형태로 청나라 옹정제 시절에 처음 만들어졌다. 오른쪽 사진은 이 병차 7개를 죽순껍질로 싸서 포장한 운남칠자병(보이칠자병).

풍通泰隆 등이 있었다. 이들 차상은 현대 직전까지 그 명성을 유지해온 곳들도 있다.

보이차의 전형으로 일컬어지는 병차餠茶는 청淸 옹정제雍正帝 시절에 만들어진 것이다. 옹정 13년(1735) 청 조정은 운남에서 납품되는 보이차를 처음으로 규격화하였다. 보이차의 형태는 원형의 떡 모양으로 하고, 그 무게는 7냥(현재의 375g. 과거 한 근은 16냥으로 현재의 600g에 해당한다)으로 하되 7개를 한 통(49냥)으로 하였다. 현재 통용되는 '칠자병'의 기원인 셈이며, '운남칠자병雲南七子餠' 이란 이름은 문화혁명 시기에 정해진 것이다.

과거 차의 주요 교역로이었던 차마고도는 운송 수단이 말

말 등에 실린 보이차. 보이차는 말이나 노새에 실려 험난한 산맥을 넘어 티베트 등에 팔려나갔다. 한 마리의 말에 실을 수 있는 보이차의 무게는 대략 60kg이었다.

대광주리 보이차 포장. 광주리 하나에는 칠자병 6묶음(15kg)이 들어 있다.

이나 노새 등이었는데, 여기에 실을 수 있는 무게는 대략 60kg이었다. 최근 많이 소개되고 있는 영상자료에서 보듯 이 짐은 무게의 균형을 잡기 위해 말의 양쪽에 나누어 실린다. 한쪽의 무게가 30kg이 되는 셈이고, 이 짐은 또 두 개의 대광주리로 묶여 있으니 광주리 하나의 무게는 15kg이 된다. 한 광주리에는 6개의 차 뭉치가 담겨 있고 각 개의 차 뭉치에는 또 7편의 보이 병차가 들어 있다. 따라서 보이차 하나의 무게는 357g이 된다. 7자병은 바로 7개를 하나의 묶음으로 하였다는 의미에서 유래한다. 이를 역으로 설명하면 병차 하나의 무게는 357g이니 7개를 묶으면 2.5kg이 되어 이것이 7자병 한 다발이 되고, 한 광주리에 6개가 들어 있으니 이를 계산하면 2.5kg x 6 = 15kg으로 한 광주리의 차 무게는 15kg이 된다. 한쪽에 광주리 두 개가 묶여 있으니 30kg이 되는 것이다.

보이차는 청의 전성기 때 6대 차산지의 연간 최고 생산량이 8만여 석에 달하였다. 『판납문사자료선집版納文史資料選輯』을 보면 집집마다 차나무를 심고 팔았으며, 대상隊商이 길을 점유하고 행상들이 북적대었다고 한다. 차 시장에는 조정의 관리들 외에 티베트, 인도, 미얀마, 스리랑카, 베트남, 캄보디아에서 온 상인과 국내 상인들로 북적였다. 매년 적어도 5만 필의 짐 수레가 6대 차산지를 드나들었다고 한다. 그중 궁중용의 보이 공차貢茶는 약 7백 석, 서역으로 수출되는 것이 약 3만 석, 다른 나라에 팔리는 소수의 것을 제외하면 대부분 중국의 시장에서 소비되었다(6대 차산의 차 생산품 중 약 2,3만 석이 내국인에 의해 소비되었다). 그 외에,

종지 형태인 보이 타차(沱茶). 운송 과정에서 곰팡이가 생기는 것을 막기 위해 아랫부분 가운데를 쑥 들어가게 했다고 한다.

운남의 기타 지역과 사천 등지의 차 생산량까지 포함하면 보이차가 얼마나 성행하였는지 짐작할 수 있다. 광서 말년에 와서 보이차는 과거의 8만 석에서 5만 석으로 감산되었다. 차세금이 너무 과중하여, 차농들이 생산을 기피하였고 또 상인들도 취할 이익이 적었던 것이 원인이었다.

보이차의 형태 가운데 단형團形, 즉 덩어리 형태의 차는 당

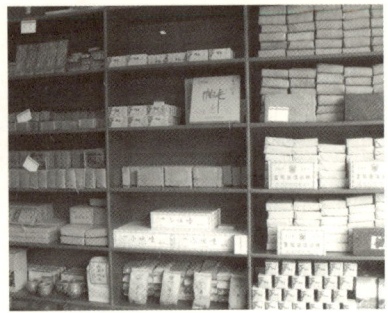

다양한 보이차의 포장 형태(왼쪽)와 벽돌 모양인 보이 전차(磚茶).

시 여아차女兒茶, 인두차人頭茶 등으로 불리었는데 순 무게가 2냥에서 10근까지 다양하였고, 주로 진상품貢品이나 내수용으로 사용되었다.

심방형心房型의 차가 출현한 것은 1912년의 일이다. 당시 보이차의 운송 과정에서 발생하는 곰팡이 문제를 해결하기

보염패(왼쪽), 중차패의 내비

위하여 가운데를 쑥 들어가게 만든 것으로, 하관下關과 불해佛海에서 동시 생산되어 '寶焰牌보염패'라는 이름이 붙여졌다. 1966년 생산이 중단되었고, 그후 벽돌 모양의 전차磚茶 상표는 '보염패'에서 '團結牌단결패'

보이차에 처음 표지가 붙어 나
온 인급차들. 가운데 둥글게
처리된 '茶' 자가 ❶ 붉은색인
홍인 ❷ 주황색인 황인 ❸ 녹
색인 녹인(왼쪽 2개), 대자인
(오른쪽에서 두 번째) 소자인
(맨 오른쪽).

로 바뀌었다. 1986년 판첸 라마의 요구에 응하여 심방형 차가
다시 생산되었고, 1990년에는 하관차공장에서 '보염패'를 정
식 상표로 등록하였다.

  1940년 중국차엽공사는 불해제다소(현재의 맹해제다소)에서
'中茶牌중차패'라는 명칭을 단 보이차를 생산하였다. 보이차에
처음으로 표지가 출현한 것이다. 그 후 운남차엽공사와 광동
차엽공사에서 생산한 보이차(광동병)는 모두 이 통일된 상표
를 수출차의 상표로 삼았는데, 홍인紅印, 녹인綠印, 황인黃印,
대자인大字印, 소자인小字印 등으로 외장에 인쇄하고 글자 크
기의 차이로 구분하였다. 소위 인급차印級茶이다. 과거 한때

전통적인 방식으로 만들어지고 있는 보이차.

홍인을 상표로 인식하는 착오도 생겼는데 사실은 표지(표식)를 잘못 알았던 것이다.

전차磚茶는 주로 사천四川에서 생산되었으며 건국 이전 운남에서는 생산이 극히 적었고, 1956년 하관에서 시험, 생산하였다. 병차에는 크기가 작은 소원병小圓餠이 있는데, 이것은 1952년 처음 출현한 것으로 개당 100g 다섯 개가 한 통으로 정해졌다.

물을 뿌려 보이차를 숙성시키는 후발효차는 1973년 곤명昆明제다소에서 시험에 성공하였고 하관제다소에서는 1976년 제조를 개시하였다. 그보다 앞서 광동에서는 운남에서 원료를 사들여 후발효차를 생산한 바 있다.

오늘날 보이차에서 볼 수 있는 식별번호는 1976년에 사용되었는데, 이는 수출하는데 필요했기 때문이며 또한 보이차의 표준화 작업의 일환이었다. 운 남차엽공사에서 사용한 규격은 병 차餠茶의 경우 네 자리, 잎차散茶 는 다섯 자리를 사용하도록 하였 다. 병차의 앞 두 자리는 해당 차

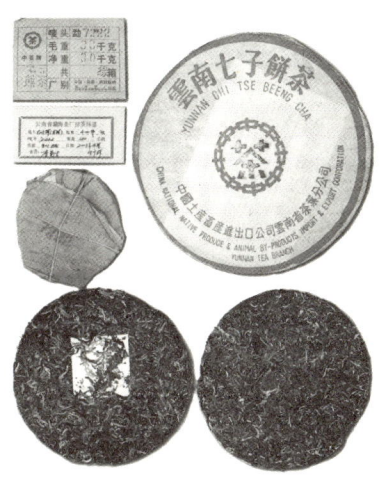

보이차의 식별번호(맨 위 왼쪽). 7222라는 식별번호 의 앞 두 자리는 차의 제조 연도이고, 셋째 자리는 원료의 등급이며 넷째는 제다소의 일련번호이다. 72년에 2등급의 원료로 맹해제다소에서 생산한 차 라는 뜻이다.

보이차의 제다 과정

❶ 찻잎을 딴다(採葉). 일엽일아─葉─芽는 초봄에 따는 첫물의 찻잎을 말한다. → ❷ 대발에 늘어놓고 숨을 죽인다(시들린다)(萎 凋). 약간의 발효가 이루어진다. → ❸ 솥에 넣어 덖는다(殺靑 혹은 炒靑). 발효 정도를 고정시키며 수분의 함량을 균일화한다. → ❹ 찻잎을 비빈다(揉捻). 찻잎의 상태에 따 라 힘의 강약이 정해지고 모차毛茶의 원형 이 만들어진다. → ❺ 차를 볕에 쬔다(灑乾). 볕에 말리는 것은 아니며 수분은 10% 정도 유지된다. → ❻ 찻잎을 등급별로 선별한 다. 품질에 따라 보통 10등급으로 분류한

다. 모차가 만들어지는 것이다. → ❼ 차의 형태를 만든다. 차를 증기통에 넣고 고온에 서 부드러워지도록 다스리고 이것을 다시 마대에 넣고 특정한 틀을 이용하여 돌 또는 기계로 압축하면, 형태별 보이차가 만들어 져 나온다. ❼-1 모차는 잎차散茶의 형태로 이를 가공하면 ❼처럼 생보이가 만들어지 는데, 생보이를 만들기 전의 잎차에 인공의 발효 과정(渥堆)을 가하면 숙보이가 만들어 진다. ❽ 이것을 바람에 말리고, 준비된 포 장을 하면 저장 또는 상품으로 내놓을 수 있다.

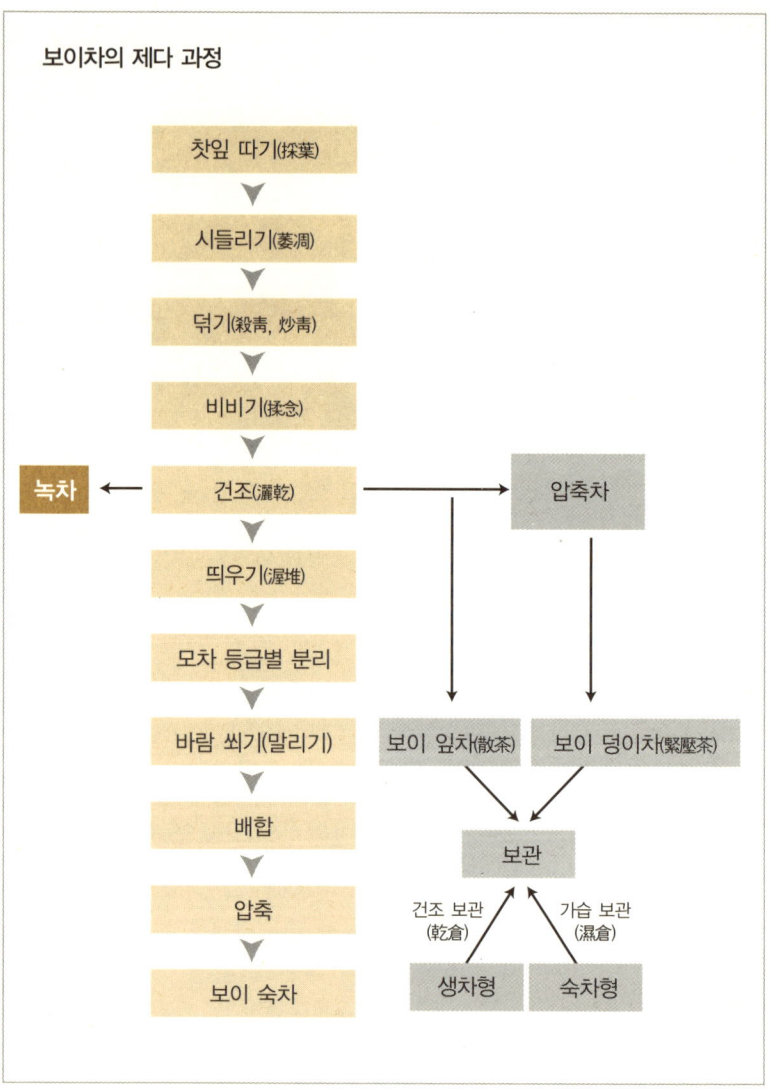

보이차의 제다 과정

- 찻잎 따기(採葉)
- 시들리기(萎凋)
- 덖기(殺靑, 炒靑)
- 비비기(揉念)
- 건조(灑乾) → **녹차**
- 건조(灑乾) → 압축차
- 띄우기(渥堆)
- 모차 등급별 분리
- 바람 쐬기(말리기)
- 배합
- 압축
- 보이 숙차

압축차 → 보이 잎차(散茶)
압축차 → 보이 덩이차(緊壓茶)

보이 잎차(散茶) → 보관
보이 덩이차(緊壓茶) → 보관

건조 보관(乾倉) ← 생차형
가습 보관(濕倉) ← 숙차형

의 제조 연도이고, 셋째 자리 숫자는 원료인 모차毛茶의 등급이며, 넷째 자리 숫자는 각 지역 제다소에 부여한 일련번호이다. 곤명1, 맹해2, 하관3, 보이4 등. 잎차의 다섯 자리 숫자는 셋째와 넷째 자리가 모차의 등급을 표시한다. 시중에서 볼 수 있는 초기 번호는 7452, 7562, 7572 및 75671, 75673 등이다. 7452의 경우, 74년에 5등급의 모차를 원료차로 하여 맹해제다소에서 생산되었다는 의미이다. 현재 개인 제다소에서도 이 규격에 준하여 자신들이 직접 일련번호를 정하는 경우도 있다. 원료차 등급의 경우 3급 이상은 보통 특급으로 간주되어 별도로 표기하지 않는 경우가 많다.

보이차의 등급

보이차는 보통 고급, 중급, 저급으로 나누며, 모차(원료차) 기준으로는 10등급으로 분류한다. 궁정宮庭, 특급을 필두로 하여 3급, 5급, 7급, 8급, 9급, 10급 순이고, 등외로는 부스러기차碎茶, 말차末茶가 있다. 포장지에 모차의 등급이 기재되어 있으며, 모차 기준 3등급까지는 예물이나 특정 용도로 쓰이고, 일반적인 차는 대부분 3등급 이하의 원료를 사용한다. 모차의 등급은 여린 잎인 백호白毫의 많고 적음으로 판별할 수 있는데 백호가 많을수록 좋은 차이다. 특급의 모차는 일엽일아一葉一芽를 가리키며 이어서 이엽일아, 삼엽일아의 순으로 구분하고, 이에 따라 등급이 정해진다. 잎이 많아지면 급이 낮아지고, 줄기가 많이 섞이면 등급이 더욱 낮다.

보이차는 모두 10등급으로 분류된다. 사진은 보이차 등급 선별 과정.

보이의 명품? 진품?

보이차에도 명품이 있는가? 있다면 또 어떤 조건일까? 명품은 시장의 평가를 받으면서 가치가 형성된다. 기호식품이 애호가를 사로잡는 것은 그 맛과 향의 독특성 때문일 것이다.

보이차 또한 이에 준하는 조건이 없을 수 없다. 명차의 품종, 명차의 산지 그리고 이를 제조할 수 있는 능력 등 기본적인 조건은 갖추고 있어야 한다. 그러나 그것으로 보이차 명품의 조건은 충족되지 않는다.

보이차의 평가의 첫 번째 조건은 저장 연수이다. 세월의 무게가 품종, 생산 연도, 기술 등 여타의 항목들을 모조리 뒷전으로 밀어내는 것이다. 다음이 생산 당시 제품의 수준 그리고 그것의 보관 상태이다. 보이차는 그래서 명품이라는 말보다는 '진품珍品'이라는 말이 더 어울린다. 골동품에 비유되는 것도 이 때문이다.

현존하는 보이 진품차는 대략 세 종류로 분류할 수 있다. 그 기준점은 바로 시기이다. 제일품에 드는 것으로는 청대와 20세기 초에 생산된 제품으로, 최소 70년 이상의 세월이 담겨 있다. 생산과 판매가 개인 기업에 의해 이루어지던 시기였다. 당시의 차는 겉포장 없이 차 자체에 현재의 비표와 같은 표지만을 사용하였으므로 외형으로도 인식은 가능하다. 값은 가히 '무가無價'라 이를 만하여 흔히 차의 골동에 비유된다.

북경의 고궁박물관에서 청대 유물을 수습하던 중 광서 연간의 공차(사진)를 발견한 적이 있다. 민간에 판매되던 차들도 소량이지만 아직 남아 있다.

다음은, 1938년 중국차엽공사의 설립과 함께 출현한 보이차이다. 관영의 중차공사는 차를 표준화하고자 하였고, 포장 또한 내장, 외장과 비표를 갖추고 종이는 일률적으로 수공으로 만든 재료를 사용하였다. 외장지의 도안으로 인하여 '중차패中茶牌'라는 이름으로 불리는데, 종류별로 '홍인' '남인' '황인' 등의 색을 사용하여 소위 '인급차印級茶'로 불리기도 한다. 인급차는 현재도 종종 거래되는 것을 볼 수 있는데 문제는 그것의 진위일 것이다.

이어서 '운남칠자병차'의 출현이다. 1967년 중차공사가 불해제다창(현재는 맹해제다창)으로 개명하였다. 전통의 보이 원병차圓餅茶는 개당 357g을 기준으로 하고 7개를 한 묶음으로 정하였다. '운남칠자병'이라는 명칭도 이때에 정해졌고, 이 시기의 보이차는 또 시대를 본떠 '문혁차文革茶'라고도 한다. 보이차의 종류도 이때에 더욱 세분되었으며, 원병은 대소 크기와 중량이 다양한 형태로 제조되었고 또 단품으로도 출시되었다.

1978년을 전후하여 맹해제다소에서는 '大益牌대
익패'라는 상표를 사용하기 시작하였고, 하관제다
소에서는 1992년 '松鶴牌송학패'와 '南詔牌남조
패'를 상표로 등록하였다. 대익패는 현재 포장에
'益익'이라는 문자를 달고 있으며, 맹해제다소는
중국 10대 보이차 제다소 가운데 수위에 꼽힌다.

대익패에 표시되어 있는 '益' 자.

1990년대 초부터 개인이 운영하는 제다소가 다수 출현하였
다. 현재는 운남성에만 3천여 개의 제다소가 있다.

명품 보이차, 알아는 두자.

- 차의 골동으로 평가되는 일류의 진품은
당시 유명 차상들의 상호로 통용된다. 동
경호同慶號(1736년 설립), 가이흥호可以興
號(1925년 설립, 세계 유일의 '십량전'
전차), 복원창호福元昌號(광서 초년 설
립), 동흥호同興號(청대 황실 전용 공차),
동창호同昌號, 송빙호宋聘號(광서 초년 설
립) 등. 각각의 차에는 자체 고유의 도안
을 새긴 표지(현재의 내표)가 부착되어

있다.
- 인급印級의 보이차는 통일된 규격을 사
용하였다는 데서 외관상의 구분은 어렵
지 않다. 인쇄의 색은 홍인을 초기 제품
으로, 녹인, 황인의 순으로 이어지고, 각
각 문자의 크기와 글자 모양에 따라 대소
大小 및 예술자로 구분한다. 홍인 원병의
경우 내표에 '서쌍판납맹해차창생산'의
표기가 없다.

2

보이, 알고 즐기자

보이차는 형태에 따라 잎차葉茶 혹은 散茶와 압축차緊壓茶로
대별되며 압축차는 병차餅茶, 전차磚茶 타차沱茶 등을 포함하
고, 가공 방식에 따라서 생차生茶(생보이, 청보이, 생병, 쇄청차曬
青茶 등으로도 불림)와 숙차熟茶(발효차, 숙병, 후발효차)로 분류
되기도 하고, 저장 연수에 따라서는 1년 보이 혹은 2년 보이
등으로 불리고 오래 묵히면 진년陳年 보
이라는 이름을 갖는다.

생보이生普洱

보통 청병青餅, 생병生餅, 생차生茶로
부르는 이 차는 자연 상태 그대로 둔 것
으로 시간이 경과하면서 자체로 숙성되
며, 숙성 과정에서 그 맛과 향이 다양하

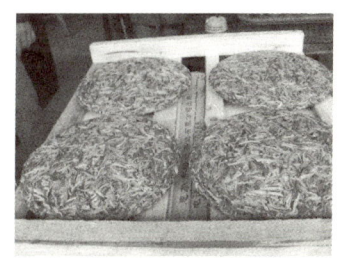

생보이(生普洱), 생병(生餅), 청병(青餅) 등으
로도 불리는데 자연 상태 그대로 숙성시킨
것으로 수년의 숙성 과정을 거치며 시기에
따라 맛과 향이 다양하게 변화한다.

게 변화한다. 오래 묵힐수록 좋다는 말은 바로 이 생보이에 해당한다. 과거의 보이차는 바로 이 생보이의 저장 혹은 운송 과정에서 절로 발효된 것이었다. 차마고도의 험난한 여정을 상기해보면 생차의 발효 상황을 짐작할 수 있을 것이다. 전통 보이차는 바로 생보이가 자연 숙성된 것을 의미하는 것인데 우리나라에서는 이를 거꾸로 알고 있는 사람들이 많다. 자연 발효된 보이차를 맛보기 전에 후발효된 숙보이가 앞서 소개 된 탓에 이것을 전통 보이차로 이해하게 되는 우스운 일이 생 긴 것이다.

숙보이熟普洱

숙보이(熟普洱). 통상적으로 인공발효 과정 을 거쳐 짧은 기간에 만들어낸 것이다. 숙 병, 후발효차 등으로 불리며 우리가 흔히 보이차라고 알고 있는 것이다.

발효된 보이차, 즉 숙성된 것을 말한 다. 원래는 자연발효된 보이차를 지칭 하는 것이지만 현재는 특정 기술을 통하 여 인공발효시킨 차를 말한다. 숙병熟 餅, 후발효차로 명명되고 있으며 형태는 생보이와 마찬가지로 잎차와 압축차로 나뉜다. 후발효 기술은 1973년 처음 시 도되어 지금은 광범위하게 적용되고 있 으며 시중에 유통되는 거개의 발효 보이

차, 즉 숙보이는 바로 이 후발효차이다. 후발효차
는 모차의 제조 과정에 발효 과정을 첨가하고 차
의 형태가 만들어지면 이를 고온에서 제조한다.
후발효법의 개발로 수 년씩 걸리던 발효 과정이
단축되어 단 몇 개월만에 숙병을 만들 수 있게 되
었다.

병차를 만들어 파이프선이 깔린 건조
대에서 건조시킨다. 사진_끽다거 제공.

발효차의 일등 공신, 미생물

보이차는 자체의 독특한 맛과 향을 갖고
있다. 많은 사람들은 이것이 찻잎 고유의
것이라고 믿고 있는데 사실 보이의 독특
성은· 발효 과정에서 작용하는 미생물들
이 일으킨 결과이다. 특히 후발효의 경우
이 미생물이 일으키는 영향은 절대적이
라 할 수 있다. 차는 발효 과정에서 수많
은 미생물이 찻잎에 부착되면서 생물적
전이반응과 산화반응을 일으킨다. 미생
물에서 분비된 일종의 효모들이 찻잎을
발효시키고 그 과정에서 유익한 작용이
일어나는 것이다. 이 미생물이 바로 보이차
의 특장을 제조해내는 공신들이다. 미생물
은 주로 보이차 고유의 맛과 향에 작용을
하고, 나아가 보이차가 갖는 보건과 약리

악퇴 과정

작용을 증대시킨다. 후발효는 속칭 '악퇴渥
堆', 즉 원료차를 만들면서 주기적으로 물
을 뿌려주는 과정을 거치는데 이때 유익균
과 미생물을 첨가해 잎차를 숙성시킨다. 인
공발효라고 말하는 것도 이 때문이다.

진년 보이(陳年普洱). 자연발효 상태로 오래 묵혀 숙성된 것으로 보통 10년은 지나야 이 명칭이 부여된다.

진년 보이陳年普洱

자연발효된 보이차를 말한다. 진년陳年은 오래 묵혀 숙성된 것이라는 의미이다. 차의 맛과 향이 일정 수준에 이르려면 상당한 기간을 요한다. 생보이의 경우, 제다 후 2년이 경과하여야 출시가 가능한데, 제다 후 7–8년은 지나야 맛과 향이 제대로 숙성되고 10년은 지나야 진년의 자격이 주어진다.

보이차의 건조와 발효

자연 건조와 인공 건조

모차를 완성하기에 앞서 건조 과정을 거치게 된다. 보통 태양과 바람 등의 자연 조건을 이용하는데, 현재는 건조기를 사용하는 경우가 많아지고 있다. 전자를 쇄청모차晒菁毛茶 혹은 쇄청차晒菁茶라 하고, 후자는 홍청모차烘菁毛茶라 한다. 건조기를 사용할 경우, 맛과 향이 더 좋아지는 경우도 있지만 오래 유지되지 않는다. 홍청모차를 원료로 한 완성차에 보증 기간이 따르는 것도 이 때문이다.

물 뿌리기 식(濕倉) 발효

보통 모차 10t을 한 단위로, 뿌려주는 물의 양은 계절과 모차의 등급 그리고 발효도에 따라 약간씩 다르다. 1m 높이로 차를 쌓아 두었을 때 사용하는 물의 양은 보통 차의 30-50% 정도이다. 차 더미 안팎의 온도를 일정하게 유지하는 것이 중요하다. 차 더미는 습도와 온도, 통풍의 상황을 보아가며 수시로 뒤적여 주어야 균일하게 발효된다. 차 더미 내부의 온도가 너무 높으면 찻잎은 타듯이 새까맣게 변해 버린다. 원료차의 함

수량이 정상치에 다다르면 찻잎은 더 이상 열을 내지 않게 된다. 악퇴 기간은 필요한 발효도에 따라 다르지만 대략 4-6주 정도이다.

'생겨난 그대로'

보이차의 숙성과 발효는 본래 '생겨난 그대로'인 데서 연유한다고 할 수 있다. 생산지인 운남의 남부와 주요 소비처였던 고원의 유목사회를 고려한다면, 보이차는 생산에서부터 운송, 판매에 이르는 전 과정이 '생겨난 그대로'이었을 것임은 짐작하기 어렵지 않다. 생산지역의 열악한 환경 때문에 보관에 특별한 방식이 있을 수 없고 그대로 창고에 쳐 넣고 묵혀두는 실정이었을 게고, 더구나 차마고도와 같은 운송로는 험산준령의 험난함을 접어두고라도 그 과정에서 겪게 되는 비와 바람 그리고 고도의 차이에서 오는 온도와 기후의 변화를 생각해야 한다. 보이차의 숙성과 발효 또한 이 모든 요소들이 '생겨난 대로' 만들어낸 조화가 아니었을까? 보이차는 본래 조부가 만들고, 손자가 판다는 속설이 있다.

보이차의 분류

남나산에 있는 8백 년된 야생 고차(古茶)나무(위)
와 이무지역의 재배차인 밭차(아래).

차종에 의한 구분

보이차의 원료를 제공하는 차나
무는, 야생과 재배, 고차古茶와 신
차新茶 등으로 구별되며 차를 구분
하는 가장 기본적인 요소이다.

채취 시기에 따른 구분

모차의 채취 시기에 따라 다른
명칭으로 불린다. 크게는 봄차春茶,
여름차夏茶, 가을차秋茶로 나눌 수
있고, 현지에서는 각각 춘첨차春尖
茶, 이수차二水茶, 곡화차穀花茶라 부
른다. 춘차는 청명에서부터 곡우 시

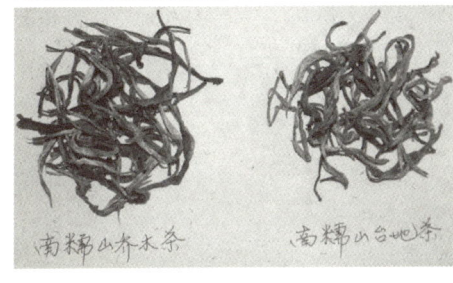

위 사진은 남나산 야생 찻잎(왼쪽)과 밭찻 잎(오른쪽). 아래는 남나산 야생차(왼쪽)와 밭차(오른쪽)의 찻잎 형태.

기에 채엽한 것이 으뜸으로 춘첨春尖이라 하고, 그 이후는 춘중春中, 춘미春尾라고 한다. 여름차夏茶는 망종에서 대서 시기에 채엽한 차를 가리키는데 이를 이수二水라 하며, 백로에서 상강 사이에 채취한 차는 가을 오곡의 향기를 취한다는 의미로 곡화谷花라 한다. 계절에 따라 차의 성분에도 변화가 일어나므로 각 차는 모두 자체의 고유한 맛과 향을 지닌다. 춘첨과 곡화는 품질 면에서 봄차와 가을차의 대표 격이다. 춘차가 청향과 상큼함으로 애호가의 사랑을 받는다면, 곡화차는 여기에 약간의 쓴

맛苦味이 곁들여지는 중후함이 느껴지며 이것은 차의 뒷맛을 아주 다른 맛으로 바꾸어준다. 차맛이 들여진 애호가라면 한번 쯤 세심히 음미할 수 있는 경지일 것이다.

산지 품질의 차이에 따른 구분

산지에 따라 기후와 지리 등 생태 환경의 차이가 있으며, 전통적인 차산지와 근래 개발된 차산지에서 품질의 차이가 있다. 전통적 산지는 현재의 맹해 지역의 난창강을 중심으로 강내, 강외 혹은 강남, 강북으로 각 6대 산지가 있다. 또 같은 지역이라 하여도 주변 식생의 종류에 따라 차는 다른 효과를

차의 비결, 배합?

현지에서 '병배차幷配茶'라고 부르는 이 차는 제조 과정에서 6대 차산의 차종과 기타 산지의 차 또는 밭차를 혼합하여 제조하는 것을 말한다. 청대 중엽 보이차의 유행과 함께 출현한 제다 방법이다. 황실의 장려책에 힘입어 해외 시장의 개척에 따른 수요의 증가 때문이었다고 한다. 수요가 늘어나자 차의 재배 면적이 확대되었고, 이에 따라 차상들은 원가 절감을 통하여 보다 많은 이익을 창출할 수 있었다. 때문에 얼마 전까지만 하여도 차 제조의 기본법으로 인식되었고, 각 제다회사에서는 배합차의 배합 비율을 비방秘方으로 여길 만큼 자랑스러워하기도 하였다. 그러나, 이제는 보이차 애호가들이 '6대 차산 고유의 맛', 예컨대 '남나산의 맛', '경매산의 맛', '이무산의 맛'을 지닌 '무병배차无幷配茶'를 요구하고 있어 배합차는 적어도 애호가들의 입에서는 멀어졌다고 할 수 있다.

갖는 것으로 알려져 있다. 차산지의 주요 수종인 장수樟樹 혹은 상교橡膠 등은 차의 향에 특히 영향을 미친다.

발효 과정에 의한 구분

자연발효인가 인공발효인가에 따라 생보이 혹은 숙보이로 불린다. 인공발효는 또 그 기술에 따라 증기식 또는 물 뿌리기식이 있다.

가공 방식에 따른 구분

생보이와 숙보이 외에도 생숙의 혼합형도 있다. 차의 혼합은 원료차의 배합에도 흔히 사용되고 있다. 대부분의 제다소에서는 보이차의 맛과 향을 높이기 위하여 자체 고유의 제다 방식으로 원료차를 배합하고 있으며, 이 배합은 또 차의 용도별 혹은 수요에 따라 완성차를 제조하는 데 쓰인다.

보관 방법에 의한 구분

보관 방법이 가습 상태濕倉인가 또는 건조 상태乾倉(乾은 간자체로는 干으로 표기한다)인가이다. 맛과 향에 차이가 있다.

저장 연수에 의한 구분

우리가 음용하는 보이차는 생산 후 2년이 지나 출고하는 것이 전통적 방법이었다. 이것은 생병과 숙병 모두에 해당되는 것으로, 이 2년은 차의 맛과 향이 일정 정도의 수준을 갖출 수 있는 최소 기간으로 인정되었기 때문이다. 현재는 시장의 수요에 따라 그해 생산된 차도 출시되고 있다.

제다 형태에 의한 구분

차의 형태는 잎차와 여러 형태의 압축차로 만들어진다. 압축차는 원형, 방형, 심방형, 과형(호박형) 등 다양한 형태와 크기로 제조되고 있으며, 과거에는 원료차를 일정한 틀에 넣어 돌로 눌러 만드는 수공 제법에 의존하였으나 오늘날에는 기계를 이용하여 압력을 가하는 방법을 쓰고 있다.

이상에서 볼 수 있듯 보이차는 그 내용과 변화가 가장 풍부한 차라고 할 수 있다. 더구나 각 제다소 고유의 배합 방법과 차상들의 수요에 따라 또 다른 맛과 향을 생산할 수 있는 특장이 있다. 근래 시중에 나오는 보이차를 보면, 각지 특산차의 장점을 보이차의 영역으로 최대한 흡수하려는 경향을 보이고 있는데 이는 보이차가 최근 더욱 발전한 것이라 할 수

보이차의 다양한 형태

산차散茶 덩이 형태로 압축하지 않고 잎 자체를 발효시켜 만든 보이차. 잎차, 엽차葉茶.

타차沱茶 운남 대리大理의 특산이다. 대리는 또 과거 하관下關이라는 이름을 가졌던 탓에 이 차를 하관타차라고도 부른다. 1976년 시험 제작에 성공하여 유럽에 주로 수출되었다. 타차의 이름은 사천 경내를 흐르는 타강沱江에서 유래한 것으로 알려지고 있다. 형태는 두툼한 종지 그릇 모양이고, 무게는 100g이 일반적이며, 적은 것을 5g에서 50g, 250g 등 다양하다. 대리는 백족白族의 본거지이며, 차마고도의 주요 거점으로 네팔과 티베트 및 사천으로 향하는 길목에 해당한다. 우리에게는 대리석의 주산지로 알려져 있다.

전차磚茶 보이차 주요 산지에서 모두 생산된다. 벽돌 형태로 무게는 250g이 일반적이며 500g, 1kg, 2kg, 3kg까지 다양하다. 주로 홍콩, 대만을 비롯해 동남아 시장이 소비처이다(토사전차土司磚茶-토사土司는 전통시대 중원 조정이 변방의 소수민족 지역을 통치하기 위하여 고안된 제도로, 조정에 귀순하는 것을 조건으로 지역 수장을 토사로 임명하여 해당 지역의 통치권을 인정하였다. 토사의 권력은 '토황제'로 불릴 만큼 막강하였으며 권력이 세습될 수 있었다. 토사전차는 바로 이 '토황제' 전용의 차로, 자신의 일상 음료와 접대 및 예물로 사용하였다. 관할 지역에서 가장 좋은 차산지와 원료를 확보한 것은 물론 제다 기술도 상당한 수준에 달하였던 것으로 알려진다. 전차는 바로 이 '토사전차'에서 유래하였으며, 크기와 무게 등의 단위도 같다).

주차柱茶 기둥형의 모양에서 이름이 나왔다. 10kg, 32kg 등 다양한 유형이 있으며, 그중 32kg 주차는 천냥차千兩茶로 불리며 유명세를 얻고 있다. 높이 약 150cm, 직경 약 20cm, 무게는 약 32kg.

특형차 부정형차를 말한다. 차상과 소비자의 기호에 맞추어 원형, 방형 등 다양한 형태로 제작되며, 차의 겉면에는 '茶馬古道차마고도'나 '福祿壽囍복록수희' 등 전통의 길상문자 또는 길상문양 등을 소재로 사용하였다.

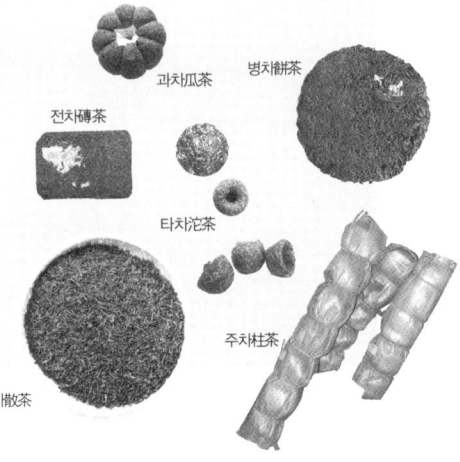

과차瓜茶
병차餅茶
전차磚茶
타차沱茶
주차柱茶
산차散茶

있다. 과거 운남의 차는 보이차 외에도 각종 녹차와 화차의 원료로 외부에 제공되었다. 그 과정에서 차를 발전시킬 수 있는 많은 경험이 축적되었고, 또 차상들의 다양한 요구는 역설적으로 보이차의 발전에 한몫을 하였던 것이다.

마방차馬幫茶

운남성에서 보이차 연구기금을 조성하여 연구, 제작한 제품이다. 중노년층의 건강을 위하여 개발되었으며, 원료는 운남 고유의 대엽종 야생 교목의 성숙된 잎을 사용하였고 외관상으로는 매우 원초적 분위기를 보이고 있다. 생보이와 숙보이 그리고 원병圓餅과 전차磚茶 등 다양한 제품이 있고, '馬幫'이라는 문자를 상표로 사용하고 있다.

보이차의 저장

차의 보관은 애호가에게 더없이 큰 관심사이다. 고급차를 고가에 구입하여 아껴두고 음미할 요량이었으나 어느 날 보니 제 맛을 잃은 경우가 허다하기 때문이다. 녹차의 경우 햇차라 하여도 장마를 넘기고 나면 대부분 제 맛과 향을 잃고 만다.

보이차가 특이한 것은 오래 묵힐수록 더 좋아진다는 점인데, 이 또한 저장 방법이 적절하였을 경우를 전제로 하는 말이다. 보이차가 발효차라는 점을 상기하면 그 저장 방법에서 우리는 금방 '묵은지의 효과'를 생각할 수 있다. 묵은지는 '발효의 미학'으로 칭송된다. 발효는 새로운 탄생을 의미한다. 설사 완제품으로 만들어졌다 하여도 그것은 출현 그 순간부터 다시 새로운 생명을 갖게 된다.

보이차의 저장은 햇빛을 피하고 적절한 온도와 습도를 유지해야 한다. 적절한 온도와 습도는 차가 유지하고 있어야 할 수분, 즉 함수율과 관계가 있다. 차가 수분과 냄새에 민감하게 반응하는 것은 차 자체의 흡입력 때문인데, 저장 방법은 바로 차의 이같은 성질을 활용하는 것이 된다. 차의 함수율은 일반적으로 12퍼센트 정도가 적정선인데, 이때 주변의 습도는 70퍼센트 이내이어야 하며 온도는 사람의 일상생활에 적당한 25도 정도가 좋은 것으로 알려져 있다. 이 습도와 온도는 또 보이차의 생장 지역인 운남의 환경과도 부합한다. 차의 함수율이 12퍼센트 이상이면 상대습도는 70퍼센트를 넘는데 이때 보이차는 이 습기를 흡수하면서 곰팡이를 피우고 발효는 부패 상태로 변질되기 시작한다.

생보이의 경우, 생산 2년 후부터 맛과 향에서 보이차의 고유성을 갖는 것으로 알려져 있는데, 7년 전후의 맛은 청년기,

보이차는 발효식품

보이차가 '김치'와 같은 발효식품이라는 점을 기억하면서 아래 사항에 유의하자.

- 발효와 부패는 종이 한 장 차이이다.
- 온도와 습도가 높으면 부패하기 쉽다.
- 온도가 높고 습도가 약하면, 맛이 시어진다.
- 햇볕에 노출되면 급격히 산화한다. 밋밋 그 자체.

10년은 장년기, 15년 정도면 중년의 맛에 진입한다고 한다. 20년이 넘으면 차의 경지에 도달한 것으로 말한다. 이때 그 차의 맛과 향은 '무 '로 표현되어 경지에 오른 무미의 맛, 무향의 향을 지니는 것으로 평가되고 있다. 생보이의 경우 일정 기간이 경과하면 자연숙성의 상태에 다다르지만, 그 맛과 향은 인공숙성한 후발효차와는 달리 생보이 특유의 생생한 운치를 잃지 않는다. 탕색은 본래의 황록 혹은 귤색으로부터 점차 붉고 투명한 색으로 바뀌고, 맛은 순화되어 부드러움과 매끄러움으로 입에 감긴다. 시간이 지날수록 그 활력과 내적 함축은 더욱 깊어지는 것이다.

후발효차라 하여도 제다 후 2–3년이 지나야 맛과 향이 안

보이차와 중국인

보이차에 대한 중국인의 생각은 어떨까? 놀라운 점은 대부분의 중국인들에게 보이차는 매우 낯선 차라는 사실이다. 손에 차를 놓지 않는다는 중국인들에게 차는 음료수 대용이나 다름없지만, 그들이 마시는 차는 쟈스민이나 국화 같은 화차花茶가 주를 이룬다. 화차는 녹차류의 차에 꽃을 첨가하여 만든다. 차의 고유 성분이 일정 정도 순화되는 것이다.

보이차가 중국의 명차名茶 대열에 끼게 된 것은 극히 최근의 일로, 이에는 홍콩, 광동, 대만 사람들의 역할이 절대적이었다. 최근까지도 홍콩과 대만은 중국의 최첨단이었기 때문이다. 이제 보이차 상표는 중국 대도시의 상점에서 어렵지 않게 볼 수 있다. 2007년에는 북경에 보이차 전문 선물거래소가 선을 보였다.

정되고, 5-8년이 지나야 최상에 이른다. 숙보이의 경우, 현재는 자연발효가 아닌 인공발효를 시켜 숙성되고 출시된다. 그 때문에 숙보이는 생산 완료와 동시에 발효의 전 과정이 사실상 완료되는 것이다. 흔히 숙보이도 오래두면 매우 좋아지는 것으로 알고 있으나 꼭 그런 것은 아니라는 점을 알아야 한다. 오래두면 다소의 변화는 생기지만 큰 변화가 일어나는 것은 아니다. 저장 가치도 상대적으로 낮다고 할 수 있다. 최근 홍콩과 대만, 일본의 상인들이 생보이에 주목하는 것은 바로 생보이의 저장 가치 때문이다. 그러므로 숙보이의 연대가 올라간다고 값이 부풀려지는 것은 옳지 않다. 현재의 숙보이는 생산 시기보다 더 값이 나가야 할 아무런 이유가 없다. 소비자의 무지에 편승한 상술일 뿐이다.

홍콩의 '얌차'

얌차는 우리에게 홍콩의 식문화로 알려져 있는 일종의 코스 요리로 중국의 다양한 음식이 작은 접시에 각양각색으로 조리되어 나온다. 양은 적게 가짓수는 많게 그리고 시간은 넉넉하게. 즐기고자 한다면 이보다 좋을 수가 없다. 여기서 빼놓을 수 없는 것이 차인데, 차는 주로 보이차다. 음식을 먹으면서 줄곧 차가 입에서 떨어지지 않는다. 차와 요리, 어느 것이 우선일까? 우문이다. 얌차는 '음차飮茶'의 홍콩식 발음이다. 그들은 이렇게 생활하는 것이다.

보이차의 효능

일반적인 차와는 달리 보이차는 과거에는 음료나 기호품의
대상이 아니었다. 차마고도를 통해 티베트로 보이차가 운반
된 것은 유목민들에게 결핍되어 있는 비타민과 엽록소를 제
공할 수 있을 뿐더러 지방을 분해하고 소화와 쾌변을 도와 육
식의 부작용을 보완할 수 있었기 때문이다. 보이차가 감비차
(살 빼는 다이어트 차)로 선전되는 것도 이 때문이다. 오늘날 많
은 실험을 통하여 보이차의 약리적 기능이 밝혀지고 있다. 그
러나 일부에서는 매우 과장하여 마치 만병통치의 약초처럼
선전하기도 하는데 이는 지나친 일이다.

그렇지만 보이차는 예로부터 약리 작용이 뛰어난 것으로
정평이 나 있으며, 현대 문명병에도 그 효과가 좋은 것으로
알려져 있다. 현대사회가 새로운 형태의 유목형 사회인 점을
감안하면 보이차의 유행은 재미있는 현상이 아닐 수 없다. 과

거의 유목사회가 식생활은 육류로 그리고 일상생활은 속도를
특징으로 하지 않았던가? 보이차는 혈압과 지방 그리고 비만,
동맥경화, 숙취, 쾌변 등에 확실한 효과가 있고 항암 작용을
하는 것으로 알려져 있다.

보이차는 전통적으로, 차성이 온화하여 일반 녹차가 갖는
자극성이 현저히 감소되어 있다. 우리나라 스님들이 다른 차
보다 보이차를 특별히 애호하는 것은 그만큼 맛이 순화되어

보이차와 차의 성질

차는 전통의학에서는 냉성冷性으로 분류하
였다. 상록수 계열의 초목이 그러하듯 겨울
의 푸른 잎은 한기를 머금고 있는 까닭이
다. 찻잎은 그러나 본래의 성질에도 불구하
고 제다 과정을 거치면서 질적 변화를 이룬
다. 발효의 정도에 따라 중성 또는 온화한
기질로 변하는 것이다.

녹차류는 차의 고유 성분이 비교적 잘 간수
되어 있다. 제다 과정에서 발효가 이루어지
지 않으며, 다른 차에 비하여 영양가 손실
이 적은 편이고 엽록소 함량 또한 상대적으
로 높다. 한약의 약리 기준으로는 녹차의
성질은 '한寒', 즉 찬 기운이 강하다고 알려
져 있다. 각성, 해갈 등의 작용을 하지만,
위와 신경 계통에는 강한 자극성을 갖는다.

발효차류의 차는 차의 냉성이 많이 중화되
어 상대적으로 인체에 부담이 적다. 철관음
鐵觀音과 오룡차烏龍茶 등은 반발효차에 속
한다. 그러나 발효 기간의 여부에 따라 차
성의 변화 폭도 크다. 발효 기간이 짧으면
차가 본래 지닌 찬 기운도 여전히 많은 편
이다. 경우에 따라 공복에 마시면 취하는
듯한 느낌茶醉이 들 정도로 강한 것들도 있
다. 소화 촉진과 지방 분해에 상당한 효과
가 있다.

고발효차에 드는 것이 무이암차武夷岩茶(대
홍포차大紅袍茶와 보이차普洱茶)이다. 차성
은 온화하고 두텁다. 대부분의 사람들이
무리 없이 마실 수 있고 많이 마셔도 별 장
애가 없다. 고발효차는 제다 특성상 100도
의 고온에서 우려내는 것이 좋다.

있기 때문이다. 자연숙성된 보이의 경우, 위를 따뜻하게 해주
고 혈압과 고지혈을 내리게 하는 작용을 하며, 심혈관 계통
질환에 효과가 있는 것으로 알려져 있다. 다만, 생보이의 경
우 나름의 독특한 풍미가 있으나 아직 숙성되지 않은 상태여
서 위가 약하거나 신경이 예민한 사람은 절제하는 것이 좋다.
일부에서는 숙성이 안 된 생보이는 위에 강력한 작용을 하기
때문에 3잔 이상 마시면 안 된다는 주장을 내놓기도 한다.

녹차의 항암 작용, 카테킨

녹차에는 떫은맛을 내면서 항산화 성분인 카테킨catechin이 다량(10~18%) 들어 있어 중금속 오염으로부터 인체를 보호한다. 카테킨은 발암물질인 벤조피렌, 아플라톡신 등이 사람의 정상 유전자와 결합하지 못하게 막는 역할을 한다. 또한 이미 손상된 유전자의 회복을 돕고 암세포가 신생 혈관을 만들면서 다른 부위로 전이되는 것도 억제한다. 카테킨은 중금속과의 흡착성이 강해 중금속의 체내 유입을 억제하고 체외 배출을 돕는 것으로 밝혀졌다. 카테킨을 주성분으로 하는 항암제도 개발 중이다. 항암 효과를 기대하려면 녹차는 하루 5~10잔, 녹차 잎은 매일 6g을 먹어야 한다.

차, 알고 즐겨야 웰빙

이제 차에 대한 지식이 널리 보급되었다. 차의 효능에 관한 수많은 임상 실험 결과가 발표되기도 하고, 이에 따라 이런저런 속설이 들리고 있다. 과장된 정보는 늘 적잖은 독소가 숨겨져 있기 마련이고, 이것이 시류를 타면 또 다른 오류를 만들어낸다. 차도 예외일 수는 없는 것이다.

유의 1. 과유불급過猶不及, 지나치면 부족함만 못하다. 일상에서 쓰이는 이 말은 인간사 모든 일에 해당한다.

유의 2. 모든 식품에는 독과 약의 작용이 공존한다. 독은 때로 약이 되기도 하지만, 약도 지나치면 독으로 작용하는 법이다.

유의 3. 자신의 몸을 잘 알아야 한다. 시류에 따르지 않을 일이며, 제 몸을 실험 대상으로 맡기지 말아야 한다.

사례 1 과도하게 진한 차, 과량의 차, 공복에 마시는 차 등은 피하는 것이 옳다. 인체의 조건은 사람마다 같지 않다. 과하여도 문제가 없는 경우도 있고, 더러는 과함을 자랑삼기도 한다. 그러나 기호가 아닌 웰빙이라면 중도를 지키는 것이 현명하다.

사례 2 차를 즐기기 힘든 사람도 있다. 위장 장애, 저혈압, 신경과민 등의 증상이 있는 사람은 차가 몸에 맞지 않는다. 지나치면 해가 되니 피할 수 없는 경우, 소량을 입에 머금는 정도라면 오히려 침샘을 자극하여 득이 될 수는 있다.

● 차를 차게 마시는 것은 좋지 않다. 차는 성질이 냉하므로 발효를 거쳐 온화해졌다고는 해도 뜨겁게 마셔야 한다. 냉장하여 차게 마시는 것은 권하기 힘들다.

● 밤을 넘긴 차는 마시지 않는다. 차가 다관 속에 오래 있으면 차 속의 단백질과 기타 유해 미생물들이 작동한다.

● 식사 전후에는 다량의 차는 마시지 않는다. 식전의 차는 소량의 경우 식욕을 증진시킬 수 있지만, 양이 과할 경우 위산 분비에 영향을 주며 식후 바로 차를 마시는 것은 또 소화 장애를 일으킬 수 있다. 철분, 단백질 등의 응고 가능성 때문이다. 커피 같은 기호식품이나 과일 또한 마찬가지이다. 식사 전후 30분은 차를 피하라.

보이차의 안전성

 보이차는 차의 맛과 향은 물론 그 효능에서도 많은 특장을
지니고 있다. 하지만, 최근 제기되고 있는 안정성 문제에서는
다른 녹차류와 마찬가지로 우려를 낳고 있다. 첫째가 농약 문
제인데, 결론부터 말하면 차 또한 다른 농산물과 마찬가지로
농약이 갖는 문제를 피할 수 없다. 차 생산자에게 농약은 생
산량의 피해를 막기 위하여 거의 필수적이다. 유해 농약의 사
용 여부도 생산자 외에는 검증할 길이 없다. 중국이 중앙정부
와 지방정부 차원에서 노력을 하지 않는 것은 아니다. 이를
소홀히 할 경우 수출에 지장을 받기 때문이다. 일부 생산자들
은 서구의 검증기관에서 자체적으로 검인증을 획득하고자 노
력하는 경우도 있으나 이는 극히 제한적일 수밖에 없다. 안전
성에 대한 인식이 보편화하기 위해서는 앞으로도 많은 시간
이 필요할 것이다. 안전성은 차농과 제다소가 일차적으로 책

야생 차나무에서 잎을 채취하는 현지인들.

임을 져야 할 문제이지만, 이윤을 추구하려는 차상들의 갖가지 불합리한 요구가 더 큰 문제다. 그 때문에 생산지의 전통과 질서가 무너지고 있다.

농약과 비료의 문제는 밭차에서 특히 심각하다. 산차山茶의 경우 원료가 비싸기는 하지만 오래된 차나무古樹에서 바로 채취한다는 점 때문에 농약의 사용이 상대적으로 쉽지 않아 안전성에 점수를 더 주고 있다. 고수차古樹茶 혹은 교목차喬木茶라고 포장에 명기하는 것도 이 때문이다. 유기농차 혹은 생태차를 브랜드로 내세운 차가 시중에 출시되고 있는 것도 애호가들의 이같은 우려에 대응하려는 노력이다.

밭차(대지차) 또는 재배차라고 하여 성분에 큰 차이가 있는 것은 아니다. 밭차도 같은 수종에서 씨를 받아 재배한다. 밭차는 매년 찻잎을 전지剪枝하여 그 크기를 조절한다. 흔히 관목형의 보이차가 따로 있는 것으로 알고 있지만 그렇지는 않다. 다만 매년 전지를 하기 때문에 채취에 용이할 정도로 그

보이차에 대한 수요가 늘어나면서 재배지역이 점점 늘고 있다. 밭에서 재배하는 차는 농약, 비료 사용 문제에서 자유롭지 못하다. 사진은 이무정산(易武正山)에서 인공 재배되고 있는 20년된 차나무.

크기를 조절할 뿐이며, 차나무 자체에 차이가 있는 것은 아니다. 전지를 하면 재배하는 데도 용이하고 생산량 증대에도 기여한다. 비료와 농약 주기가 쉬운 관계로 생산량에 직접적인 영향을 주기 때문이다. 현재 가능한 방법은 우리의 농산물 거래와 같이 믿을 수 있는 생산자와 직접 거래하는 것일 수 있다. 보이차는 산차와 밭차의 구별이 가능한데 적어도 현지 원료차 시장에서는 구분이 되어 거래된다.

 ## 보이차의 표준화

보이차는 현재 제2의 전성기를 맞고 있다. 이는 다양한 제품을 만날 수 있다는 점에서 반가운 일이기도 하지만 그러나 다른 한편에서는 보이차의 상업화에 따른 폐해를 우려하지 않을 수 없다.

그런 가운데 한편에서는 보이차 시장의 정상화를 위한 노력도 전개되고 있다. 뜻있는 개인들의 노력, 민간 차원의 필요성이 조직으로 활성화된 것이 바로 운남성보이차협회. 저간 노력의 결정체라 할 수 있는 이 협회는, 2006년 4월 당국의 비준을 받아 정식 등록하였다. 협회는 회원 간(단체와 개인)의 정보를 공유하면서 보이차의 생산과 가공, 유통에서부터 연구 개발, 교육, 감독 관리를 표방하고 있다. 주업무는 보이차의 생산과 유통상의 질서 확립을 기하고자 하며, 이를 위하여 '보이차' 증명 상표의 발행, 즉 보이차 인증제를 시행하고 있다. 2007년 1월, 협회는 당국으로부터 '보이차' 의 '보이차지리상표普洱茶地理商標 및 방위표防偽標' 를 정식 상표로 등록, 허가받았다. '지리상표' 는 일종의 산지 증명으로 영문 'GI' 가 새겨져 있고, '방위표' 는 위조 방지를 위한 전자 식별표지이다. 온라인 서비스도 제공하며, 주로 보이차 시황 그리고 보이차의 식별 등 애호가들이 특히 관심을 갖는 사항을 도와준다. 보이차 제품의 산지, 생산자, 상표, 생산 연도 등에 관한 그 진위 여부를 파악하여 믿을 수 있는 정보를 제공하고 있다 (www.ynpuer.org.cn).

보이차의 식별

보이 애호가들이 가장 큰 관심을 보이는 분야가 차의 식별이다. 보이차는 기본적으로 농산품에 속한다. 다른 차와 마찬가지로 그 질을 식별하기가 그만큼 어렵다. 흔히 외형을 보고 판단하거나, 그 내력을 파악하거나, 혹은 생산 연도를 확인하거나 하여 전문가인양 하는 경우를 보는데 그 식별이 그렇게 쉬운 것은 아니다. 어떻게 식별할 것인가?

복잡한 문제일수록 간단하게 해결하는 것이 좋다.

보이차의 포장지를 읽어라

우선 생보이와 숙보이의 구분이다. 생보이의 등장과 함께 외장지의 인쇄 색깔에도 변화가 일었다. 생보이는 외장이 녹색으로 인쇄되어 별도 표시가 없어도 구분이 가능하다. 숙병은 갈색이나 붉은색으로 인쇄되어 있다.

보이차의 포장지를 구성하는 ①외장
②내표 ③내비(밑에 작은 것).

제다소에서는 자신의 고유성을 확보하기 위하여 포장지의 외장과 내표 그리고 내비라고 부르는 별도의 용지를 두어 차별을 두고 있다.

외장外裝 외표라고도 하며 보이차를 싸고 있는 바깥포장지를 말한다. 해당 보이차에 관한 거의 모든 정보가 기록되어 있는데, 앞면에는 제다회사와 상호 또는 상표와 종류 등이 표시되어 있고 뒷면에는 다시 제조회사와 제조 원료 및 회사 관련 자료가 인쇄되어 있다.

내표內標 외표를 축약한 내용을 담은 네모난 인쇄물로 보이차를 압축하는 과정에서 차의 표면에 놓고 차와 같이 압축한 것이다.

내비內飛 압축차의 외표를 풀어보면 차에 붙어 있는 내표 외에 별도의 작은 네모용지가 들어 있는데 이를 내비라 하며 거기에는 차 원료의 특징과 제다소가 명기되어 있다.

종합하면 포장지를 통하여 알 수 있는 것은

● 산지를 확인한다. 현재 개발된 차산지는 재배차가 중심

이다.

- 차의 품종을 확인한다. 산차山茶는 보통 고수차古樹茶/교목차喬木茶 등으로 기재되어 있으며, 이에 대한 명확한 언급이 없는 경우는 같은 생산지라 하여도 재배차로 보면 된다.
- 생산 연도를 확인한다.
- 제다소를 확인한다.
- 식별번호를 살핀다. 참고일 뿐이지만 원료차의 등급 면에서는 일정 정도의 정보를 제공한다.

보통 보이차 포장지에는 차 원료에 대한 모든 정보, 즉 차의 원료와 그 생산지, 제다소 및 생산 연도 등이 기재되어 있으므로, 그 기재 내용이 사실일 경우에는 판단의 근거가 될 수 있다. 차를 판매하는 사람들이 곧잘 이 포장을 근거로 차를 소개하지만, 그것의 진실성 여부는 애호가 스스로 검증할 수밖에 없는 것이 현실이다.

외형, 즉 제다의 공력을 판별하라.
주로 세 가지를 알아두어야 한다. 그 첫째가 여린 잎의 많고 적음이다. 보이의 여린 잎은 흰 솜털로 가득하다. 보통 백

백호(白毫)가 있는 잎. 솜털 같은 여린 잎인 백호
가 많이 들어 있을수록 좋은 품질의 차이다.

호白毫라고 부르는 이 솜털의 여린 잎은 맛과 향, 여운에 많은 영향을 주며 이것이 많이 섞여 있을수록 좋은 품질이다. 백호는 차가 숙성하면서 금빛으로 변하여 눈으로도 그 배합을 쉽게 알아볼 수 있다. 둘째는 찻잎이 말린(오그라든) 상태이다. 압축차가 모차를 원료로 형태에 맞추어 압축한 것이기는 하지만 압축 상태에서도 제다 과정의 공력은 드러난다. 상품의 차는 형태가 완전하고 잘 짜여져 있다. 셋째는 외형상의 색감과 윤택의 정도이다. 고급품은 눈으로 보아도 기름기가 자르르 흐르는 것처럼 윤택이 있다.

내적 품질을 살펴야 한다.

그러나 차를 우려 보아야 하기 때문에 알기가 쉽지 않다. 흔히 색과 향과 맛으로 평가한다.

색 우려낸 차를 찻잔에 담았을 때의 색을 말한다. 보이차는 홍갈색의 탕색인데, 이 색이 밝고 맑아야 한다. 색의 진함과 옅음이 아니라 탕색의 투명성을 말한다. 어둡고 텁텁한 색은 피하는 것이 좋다.

향 향의 순도를 말하는 것으로 많은 오해가 있는 부분이다.
보이차는 숙성된 차이기 때문에 오래 묵힌 차의 향은 보이 고
유의 향이다. 전문가들의 감별에 의하면 보이차의 향은 묵은
향陳香을 기본으로 청향, 난향, 연꽃향, 장樟향, 계桂향 등을
지닌다고 한다. 그러나 숙성 과정에서 변질이 되면 곰팡이 냄
새 또는 썩은 냄새를 갖게 된다. 이것을 오래된 향이라고 우

품평회와 10대 제다소

시중에 유통되고 있는 보이차 중에서 포장
지에 아무런 정보를 기재하지 않고 있는 경
우가 있는데 이는 파는 사람만이 차의 품질
을 알 수 있어 문제가 될 수 있다.

제다소의 이름에 의지하는 것은 한계가 있
는 방법이다. 보이차는 중국의 다른 상품과
마찬가지로 매년 품평회를 개최하여 제다
수준의 향상을 꾀하고 소비를 촉진한다. 소
위 보이차 10대 제다소는 품질과 표준화 면
에서 그런대로 이름값을 하는 것으로 알려
져 있다. 수위로 꼽히는 '大益牌대익패'의
경우 다른 제다소에 비하여 값이 다소 높기
는 하지만 이는 이름값으로 치부하여 크게
낭패를 보지는 않는다. 다만 같은 제다소

보이차 박람회장에 걸린 대형 플래카드. 2007. 곤명.

제품이라고 하여도 등급별로 수많은 상품
이 있으므로 그에 관한 지식은 사전에 알아
두어야 한다.

반장차를 우려낸 차의 탕색.

기는 경우가 적지 않은데, 잘 모르겠으면 김치의 숙성 과정을 보면 알 수 있다. 곰팡이 낀 묵은지의 냄새를 잘 익은 김치의 향이라고 우길 수 있겠는가?

또 좋은 향은 찻잔에도 그대로 남는다. 잔향은 어느 스님 말대로 "잔에 코를 박고 싶을 정도"로 유혹적이다.

참고로 한 인터넷 블로그에 실려 있는 보이차 이야기를 옮겨본다.

처음 보이차를 마신 분들의 공통적인 평가는 짚신이나 볏짚 썩은 맛과 냄새라거나 몹시 쓰고 찝찔하다 등이다. 필자 역시 처음에 이것이 보이차 맛의 특징이라고 소개받았고, 또 남에게도 그렇게 소개했다. 많은 분들은 아직도 이런 맛이 보이차의 특징이라고 알고 있다. 실제로 이와 같이 알고 있고 또 그 맛이 정통 보이의 맛이라고 우기는 사람들이 적지 않다. 그러나 제대로 된 보이차의 맛은 전혀 그렇지 않고, 맑고 깨끗하고 달고 장뇌나무 향이 서려 있다. 불쾌한 맛이 나는 보이차는 차 상인들이 무슨 말을 하더라도 이미 매변이 일어나 본래의 맛과 향기가 사라졌거나, 보관이

매우 잘못되어 부패되었거나 처음부터 속성 발효로 만든 싸구려
차로 볼 수 있다.

매우 진솔한 경험담이라고 생각한다.

맛 입 안에서 맴도는 부드럽고 세련된 맛이어야 한다. 입
안 가득히 매끄럽고 상큼함을 기본으로, 약간의 쓴맛과
자극이 곁들여지지만 이것도 결코 부드러움을 지나쳐서는 안
된다. 보이차는 나아가 발효차 특유의 여운이 있다. 상큼함
속에 숨겨진 감미로움이라는 새로운 맛을 남긴다. 술이나 물
처럼 한입에 들이키는 것을 피하는 것이 음미하는 요체이다.
좋은 차는 십수 차례를 우려내도 맛과 향에서 자체의 품격을
잃는 법이 없다. 중국인들이 표현하는 보이차의 맛과 느낌에
는 활(매끄럽고), 후(두텁고), 순(순순하고), 유(부드럽고),
감(달고), 활(살아있고), 결(깨끗하고), 량(맑고)과 같은 단
어들이 등장한다. 감(단맛), 고(쓴맛), 산(신맛), 삽(떫은
맛) 등 오미를 갖추고 있고 감각적으로는 활(매끄럽고), 화
(어우러지고), 순(순후하고), 윤(비옥하고) 등의 느낌으로 표
현되고 있다.
　보이차의 오미란 '형, 색, 향, 미, 운' 다섯 가

지를 말하며 보이차의 진품珍品은 이 '오미'를 두루 갖추어야 한다고 말한다. 이 가운데서 운韻은 애호가들이 추구하는 하나의 경지이다. '운韻'은 '여운'의 의미로, 우리말로는 뒷맛으로 바꿀 수 있는데, 차를 마시고 난 뒤 목으로부터 전해오는 또 다른 느낌의 향과 맛이다. 현지에서는 차의 영혼으로 과장되기도 한다. "사람이 영혼이 없으면 세상에 설 수 없듯이 차에 여운이 없으면 진품이 될 수 없다人无魂, 不能立于世; 茶无韻, 不能出珍品.

우려낸 찻잎의 상태

좋은 차는 기본을 잃지 않는다. 여러 번 우려내도 그 색과 향, 맛에서 자체의 품위를 일정하게 유지하며, 우린 후 남은 찻잎도 여전히 부드럽고 비옥한 탄성을 유지한다.

좋은 차를 감별하는 데는 결국 소비자의 판단이 중요하다.

보이 명품의 조건

- 생산 연도가 우선이다. 생산 연도가 오래될수록 좋다.
- 6대 산지의 차가 으뜸.
- 원료차는 자연에 가까울수록 좋다. 수종은 고수古樹 혹은 교목喬木, 찻잎은 대엽大葉.
- 원료차의 등급을 보라. 궁정, 특급부터 모두 10등급으로 나뉜다.
- 제다자의 신뢰성은 원료차의 등급과 안정성 그리고 제다 기술로 판별된다.

보이차의 극품 '반장班章'

남성적 '패기'로 이름을 떨치는 노반장차.

보이차의 극품이라고 칭해지는 '반장班章'은 그 맛과 향에서 강렬한 남성적 기운으로 모든 것을 압도하는 품격을 지니고 있다. 현지 전문가들은 이를 '패기覇氣'라 표현한다. '반장'은 생산량이 극히 제한적이며, 현지에서 특급의 보이차는 '반장차'의 혼합 비율에 따라 가격에서 큰 차이를 보인다.

반장차는 맹해현 남방 약 60km 거리에 위치해 있는 해발 1700m의 반장차산 일대에서 생산되는 차를 말한다. 반장차는 현재 노반장과 신반장 두 종류가 있다. '노반장'은 남나산南糯山 일대의 고차수에서 채취한 찻잎으로 만든 것을 말하고 '신반장'은 반장 차종으로 밭에서 재배한 찻잎으로 제조한 것이다. 현재 '반장'이라는 이름의 보이차 상표도 있으니 혼동하지 않을 일이다.

반장차산은 원래 국영의 맹해차창/제다소 시절 맹해차창의 포랑산 차 가공제작소 소재지에 속해 있었는데, 1988년 현지에 반장차의 씨앗을 재배하여 3502무畝의 반장차 다원을 만들면서 여기에서 생산되는 차를 신반장차로 이름하여 원래의 반장차와 구분하였다.

차의 향과 맛은 운남 대엽종 중에서 포랑산과 비슷하나 맛이 묵직하고, 자극성은 포랑산에 비해 더 강하고 혓바닥 부분의 쓴맛이 가장 강하며 향기는 밑으로 가라앉고 혀끝과 윗턱 부분에서의 느낌은 뚜렷하지 않은 특색을 지닌다.

노반장차의 인기는 우리로서는 가늠할 수 없을 정도이다. 현재 보이차에 대한 투기적 수요는 대부분 이 반장차, 그 가운데서도 노반장차가 대상이며, 가격은 날로 높아지는 추세이고 증권시장의 주식처럼 큰 폭으로 등락하는 경우도 많다. 맹해 전승차창의 노반장차는 현재 5년 계약으로 모두 선구매 계약서를 체결한다고 하는데, 산지의 가격 안정과 품질 보장을 위한 조치로 이해할 수 있을 것이다. 맹해의 전승차창 이외의 차창에서 만드는 노반장차는 모두 가짜라는 말이 된다고 한다. 2007년 봄 반장차의 원료차는 한 근에 4,500위안(한화 대비 1:130)에 낙찰되었다.

곤명 차상점에 출시된 반장차. 2007.

우선 자신이 감식할 수 있어야 한다. 우리나라 소비자들은 대체로 귀가 얇다는 소리를 듣는다. 파는 사람들의 말이나 전문가연하거나 아는 체하는 사람들의 주장에 크게 좌우되는 것을 볼 수 있다. 자신의 맛과 취향을 가질 수 있어야 하는 것은 애호가의 기본 품격이라고 할 수 있으며, 자신이 없다면 시장을 탓할 이유도 없을 것이다. 감식의 기본적인 방법은 물과 온도, 다관을 동일한 상태로 준비하여 여기에 보이차를 우려보는 것이다. 세 차례 이상 그 색깔과 맛, 향을 유지할 수 있으면 일단 합격으로 볼 수 있다. 우리가 보이차 고유의 맛으로 알고 있는 내용과 상당한 차이가 있음을 볼 수 있다. 다음은 실패를 두려워하거나 돈 들이는 것을 주저해서는 안 된다는 것이다. 싸고 질 좋은 제품을 만나고자 하는 것은 전문가나 가능한 일이며 일반 소비자의 경우는 그 얄팍한 유혹을 거두어야 한다.

보이차 뉴스

중국 현대문학의 거장 노신魯迅의 유품에서 보이차가 발견되었다. 약 3냥 가량 남은 이 차는 감정조차 불가능하였음에도 경매시장에서 약 1억 원에 거래되었다.

보이, 제대로 마시기

보이차, 어떻게 우릴까?

차의 선별이 가능해지면 이제 차를 제대로 다루는 일이다. 차가 하늘이 인간에게 준 선물이라는 말은 약간의 과장이야 있겠지만 차 속에 천지의 조화가 있는 것을 말함이리라. 차를 제대로 다루는 일은 곧 사람이 천지의 조화에 동참하는 일이 될 것이다. 이를 가능케 하는 것은 무엇인가? 바로 인간의 마음 씀씀이用心이다. 그래서 차를 다루는 일은 마음 쓰는 일에서부터 시작하여야 한다. 차가 비록 기호식품이라고 하나 혀나 손의 감각에 달린 일은 아니라는 말이다. 미각을 좇는 것을 일러 '식도락'이라 하는데, 즐기는 이들은 구미에 맞는 맛을 찾고자 여러 어려움도 기꺼이 감수한다. 차를 마시는 일, 호사가의 입 사치인지 곱씹어 볼 일이다.

보이차는 발효차에 속한다. 보이의 음용 또한 발효차에 준하는 것이 일반적이다. 다만, 보이차의 숙보이와 생보이는 발효도에서 차이가 있어 다룰 때 약간의 주의가 필요하다는 점은 기억해 두어야 한다.

1) 준비, 차를 준비하고 물을 끓여 다호와 잔을 데워둔다.
2) 차 우리기, 차의 양과 물의 온도 그리고 우리는 시간, 이 삼박자가 잘 맞아야 다음 단계의 호오를 결정한다.
3) 차의 음미, '함께하고 또 나누는 즐거운 시간이다.'

① 준비

차를 우리기 위하여 갖추어야 할 것은 물을 끓이는 주전자와 다호, 찻잔 등의 다구茶具, 물 등이다.

다호 보이차 같은 발효차를 우리는 데는 중국 의흥宜興에서 만들어지는 자사 다호紫砂 茶壺(자사호)가 좋은 것으로 알려져 있다. 우리가 다관이라 부르는 다호는 용도에 따라 1인용, 2-3인용, 3-4인용 등의 크기를 선택할 수 있으며 보이차는 대엽종의 찻잎을 사용하므로 다호의 뚜껑이 넓을수록 차를 담고 꺼내기가 쉽다.

찻잔 각기 크기가 다르고 재료도 다양하다. 취향에 맞추거나 용도에 따라 준비하면 될 것이다. 보이차 찻잔

자사호

은 보통 크기가 작다.

물 매우 중요한 요소이지
만 선택의 여지가 별로 없다.
그러나 보이차는 수돗물을
사용해도 맛에 큰 영향
을 주지 않을 만큼 무난
한 품성을 지니고 있어 굳이

보이차를 우리는 다구들.

물을 가릴 필요는 없다. 다만 물을 처리할 수 있는 도구는 갖
추어야 한다. 중국차는 다량의 물을 요하기 때문이다. 다호나
찻잔을 놓을 때 쓰는 차상이나 차반, 찻잔 받침, 물을 닦을 수
있는 차 수건 등은 최소한으로 갖추어 두는 것이 좋다.

차를 담거나 보관하는 용기(차통) 주석錫은 차의 보관에 좋
은 것으로 정평이 나 있고, 도자기나 토기(옹기) 등도 유용하
다. 차는 차통에서도 계속 활성 상태에 있기 때문에 차통 또
한 통기성이 있는 것으로 해서 숨을 쉴 수 있게 해 주려는 것
이다. 사용 중인 차를 넣어두는 통은 뚜껑이 있으면서 입구
가 넉넉한 것이 좋다.

찻숟갈과 칼 차통에서 차를 다호에 옮길 때 사용한다.
차를 다룰 때는 가능하면 손을 직접 사용하지 않는 게 좋
다. 차는 흡수력이 매우 강하여 향수나 로션 등의 이물질이

주석차통

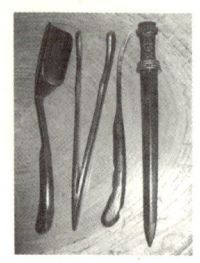
순서대로 찻숟갈, 핀셋, 다호에서 차를 긁어내는 도구, 칼,

차 맛에 영향을 미치기 때문이다. 보이 압축차는 아주 단단하게 압축된 상태이므로, 이것을 다룰 때는 보이차 전용 칼을 사용하는 것이 좋다. 대나무나 목재 또는 금속재 등으로 만들어져 있는데 전용 칼을 쓰면 차 부스러기를 줄일 수 있는 이점이 있다.

공배公杯 다호에서 우린 차를 잔에 따를 때 사용하며, 차충茶盅이라고도 한다. 차의 농도를 균일하게 하는데 필요하며, 차의 탕색을 볼 수 있다는 점에서도 좋은 역할을 한다. 차의 탕색을 감상할 수 있는 것은 보이차의 장점 가운데 하나이다. 근래에 유리제품의 공배가 사용되는 것은 바로 이 탕색을 감상하기 위한 것이다. 공배는 차를 따를 때 다관에서 나오는 찻잎 부스러기의 처리에도 유효하다. 공배는 차를 거를 수 있는 '여과' 용도로도 유용하다고 할 수 있다.

② 차 우리기

차 달이기를 포泡 · 충차冲茶라 한다. 과거에는 팽烹 또는 자煮라 하였다. 차의 제조법이 다르고 이에 따라 차를 달이는 방식에 차이가 있기 때문이다. 팽烹 또는 자煮는 차를 용기에 넣

공배와 잔

고 불로 직접 끓여서 달여 내었던 방식으로 당송시대에는 쪄
서 만든 덩이차를 사용하였기 때문에 이렇게 부른 것이다. 충
冲은 다완이나 큰 잔에 차를 넣고 끓인 물을 부어 차를 우려내
는 방식으로 쟈스민 같은 화차花茶 등의 음용에 사용되며, 이
를 절차泡茶라고도 한다. 포泡는 다호에 차를 넣고 끓인 물로
우려내는 경우에 많이 쓰이며 주로 오룡차烏龍茶와 같은 중국
남방의 발효차를 다룰 경우에 사용된다. 다호를 사용하는 경
우 이것저것 챙겨야 할 사항이 많다. 중국에서는 이를 공부차
工夫茶라 하였다.

차를 마시는 과정은 보통 차와 도구를 준비하는 단계, 차를
우려내는 과정 그리고 차를 감상하는 세 단계로 구분할 수 있
는데, 여기서 가장 중요한 것이 차를 우려내는 일이다. 차 우

앙증맞은 찻잔

발효차의 찻잔은 작을수록 좋다. 중국 남방
의 차 생활은 마치 소꿉놀이 같다. 다관에
서 찻잔까지 앙증스러울 정도로 작다. 거기
에는 다 까닭이 있다. 적은 양을 자주 마시
도록 디자인된 것이다. 오룡이나 철관음 등
의 진한 차를 위해서이다. 벌컥벌컥 또는
한입에 "쭉" 들이켜야 직성이 풀리는 우리

네에게는 도무지 감질날 지경이다. 그렇다.
차의 모든 효능이 사실은 이 감질나는 맛에
서 나온다. 차의 여러 요소들은 타액과 어
우러지며, 입안 가득히 고여 오는 여운, 목
깊은 곳에서 솔솔 올라오는 여향, 모두 이
들의 조화이다.

리기는 통상 중국에서는 여섯 단계(포차泡茶 6절節)로 나뉜다. 이를 다시 설명하면 1) 예비 단계로 차와 도구의 준비 2) 차 우리기(선차選茶, 상차賞茶, 투차投茶, 윤차潤茶(성차, 세차), 포차泡茶, 분차分茶(차 따르기)) 3) 음다飲茶의 과정이다.

여기서는 차 우리는 과정을 보도록 한다.

차를 우려내기 전에, 끓인 물로 다호와 잔을 데워주는 것이 우선이다.

차를 다호에 넣고 그 첫 물은 씻기듯 우려서 버린다. 첫 물의 차는 거품이 많이 생긴다. 현지에서는 이를 차를 목욕시킨다浴茶, 차를 씻긴다洗茶 등으로 표현한다. 몸을 푸는 일이니 워밍업과 같은 의미이다. 보이차의 경우 차를 깨운다醒茶고도 한다. 수년 혹은 수십 년의 세월동안 묵어온 상태에서 차가 깨어난다는 말이다. 윤차潤茶도 같은 의미로 쓰인다.

윤차 혹은 성차의 절차가 끝나면, 이제 팽주의 손맛이 발휘되는 시점이라고 할 수 있다. 알맞은 시간 안에 차를 우리고 이를 잔에 따르는 것으로, 이제 차는 팽주의 손을 떠나 차객에게 넘겨진다.

차를 우려낼 때는 차의 양과 우려내는 시간이 관건인데, 여기서는 중국에서 차를 품평할 때 쓰는 기준을 참고로 소개한다.

차 우리기

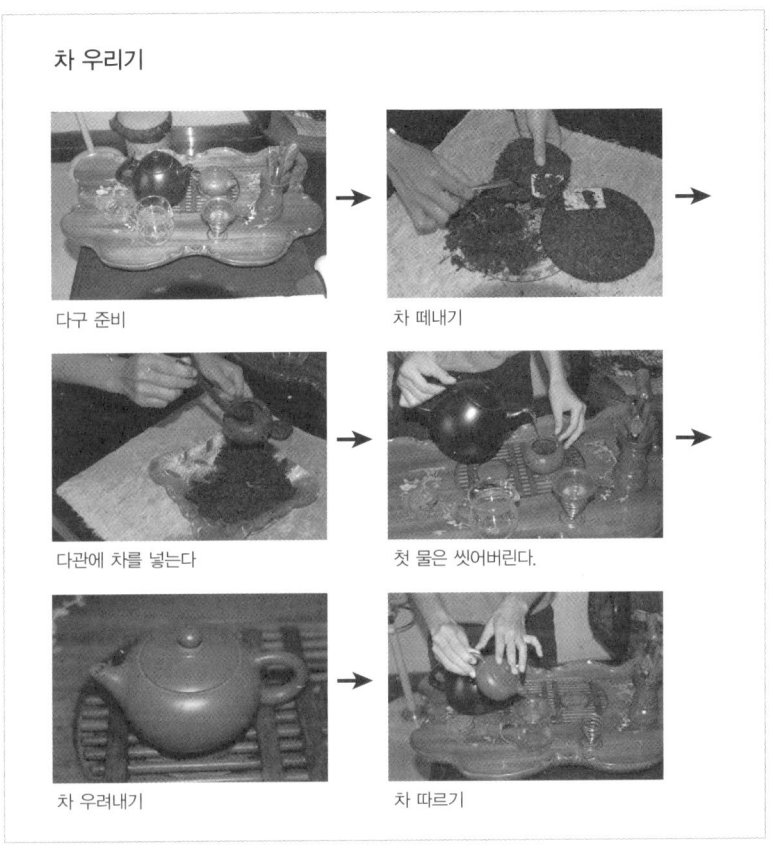

다구 준비

차 떼내기

다관에 차를 넣는다

첫 물은 씻어버린다.

차 우려내기

차 따르기

차의 양과 물 차의 품평 시 사용하는 다구는 다호가 아닌 뚜껑이 있는 흰색의 도자기 컵이다. 컵의 물은 대략 50cc가 기준이며, 이때 차의 양은 5그램이다. 물과 차가 약 10:1의 비율인데, 다호를 기준으로 한다면 용기의 2/5 가량이 되게 차를 담는다.

차를 우려내는 시간 첫 물을 버리고 난 후, 첫잔을 다호에서 우리는 시간은 약 15초 정도가 기준이 되고, 이후 차를 우려 낼 때마다 간격을 두 배로 늘린다. 그러나 이것은 다만 참고 일 뿐 절대 기준이 될 수 없으며, 개인의 기호와 경험이 제일 중요하다는 것은 더 말할 필요가 없다. 차의 맛과 향을 일정 하게 유지하는 데 역점을 두어야 한다.

물의 온도 끓인 물의 온도를 말하는데, 차의 맛과 향은 차를 다호에 넣은 후 물과 어우러지는 과정에서 내보내는 일종의 효과이다. 물을 끓인다고 해도 오래두어 물이 삶아지는 것은 피해야 한다. 물의 활성마저 죽여버리기 때문이다. 옛 사람들 은 물이 잘 끓은 상태를 '해안蟹眼'으로 묘사하였는데, 팔팔 끓는 것이 아닌 '게 눈 껌벅이듯' 하는 상태를 말한다. 차를 우려내는 물의 온도는 끓은 다음에 식혀서 조절한다.

숙보이의 경우 높은 온도에서 우려내는 것이 좋다. 보이차 는 숙성하는 과정에서 여러 단계로 단련되었다고 할 수 있다. 그러므로 잘 끓인 물에 우려내야 한다. 첫 잔은 특히 그러하고, 다음 잔부터는 약간의 온도 차이는 큰 영향을 주지 않는다.

생보이의 경우라면 첫 물의 온도를 약간 낮추는 것이 좋다. 같은 대엽종이라 하여도 발효가 아직 진행 중인 관계로 숙보 이와 같은 고온으로 다룰 경우 상처 입을 우려가 많다. 생보이가 처음 출현할 무렵, 보이차를 취급하는 가게에서도 이를 숙보이와 같이 다루는 것을 보았는데, 맛과 향에서 역겨움이 묻어났다. 바로 물의 온도가 높았기 때문이다. 95~90도 정도가 적절하지 않을까? 하지만 생보이는 일정 기간까지는 변화 또한 다양하니 그저 한 기준점일 뿐이다.

③ 차의 음미

차를 우려내는 일이 개인적 내공에 속한다면, 우린 차를 대하는 것부터는 일종의 예법의 세계로 진입한다. 나만의 일이 아닌 상대와의 관계가 이루어지기 때문이다. 모든 예법이나 에티켓은 상대를 배려하기 위한 것임을 염두에 두고, 그러한 마음 씀씀이가 차 우려내는 전 과정과 그것에 연계된 동작 속에 배어나도록 하면 좋을 것이다.

하나씩 점검하기로 하자.

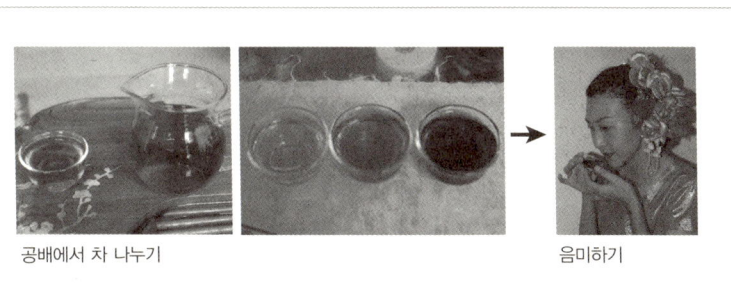

공배에서 차 나누기   음미하기

첫째, 마음 씀씀이니, 차를 우려내고 마시는 전 과정이 자연스러울 수 있도록 마음을 다스린다.

둘째, 동작의 안정성을 유지하여 손님을 편하게 하고 다구를 보호한다.

셋째, 다호는 오른손으로 잡는다. 오른손으로 다호의 손잡이 부분을 잡고 왼손의 중지는 다호의 꼭지에 가볍게 대준다 (83쪽 차 따르기 사진 참조).

넷째, 차를 따를 때는 아래의 점에 유의한다.

● 물이나 차를 따를 때는 45도 각도를 유지하는 것이 바람직하다. 물의 흐름이 거칠어져서 넘쳐 흐르거나 튀는 것

보이 여담

첫 물은 꼭 버려야 하는가?

보이차만이 아닌 일반 차에도 적용되는 물음인데, 버리는 것이 옳다. 일부 애호가들 가운데는 첫 물의 맛을 유난히 선호하는 경우가 없지 않으나, 차는 꼭 청결한 상태로 보관, 유지되는 것은 아니다. 첫 물은 또 '고시레'의 의미도 있다. '세차洗茶'의 개념은 명대의 『차보』에 처음 출현한다. 첫 물을 버리는 것은 먼지나 티끌, 냉기를 제거하는 일이라 할 수 있다.

찻잔에 남은 찻잎 부스러기는 어떻게 하는가?

애호가들 가운데는 찻잎을 씹어서 먹는 경우도 있으니 남은 찻잎 부스러기가 문제될 것이 없다. 일반적으로는 버리는 것이니 여러 사람이 함께 하는 경우라면 아무래도 일반의 취향에 맞추는 것이 좋겠다. 잔에 무언가 남지 않도록 사전에 배려하는 것이 좋고, 혹 남은 경우는 다음 잔을 따를 때 버려서 처리하도록 한다. 공배 같은 여과 용기를 사용하는 것은 이 경우를 대비한 일종의 배려이다.

을 조심한다

- 잔은 팔분을 넘지 않아야 한다
- 모든 잔에 균일하게 따라야 한다. 사람 수에 따라 다르겠지만, 다호의 크기와 잔의 크기는 사전에 짐작하여 조절할 수 있다. 차충 또는 공배를 사용하면 편리하다.
- 다호나 차충이 잔에 직접 닿지 않도록 한다.
- 소매 끝이 잔이나 바닥에 닿지 않도록 한다.

다구 용어

공배公杯	다관茶罐	차배茶杯	차시茶匙
다구茶具	다완茶碗	차충茶盅	차취茶炊
다호茶壺	자사(다)호紫沙(茶)壺	차칙茶則	차탁茶托
차건茶巾	차궤茶几	차탁茶卓	차해茶海
차로茶爐	차반茶盤		

보이차의 다양한 음용법

　차를 마시는 법, 다관에 차를 넣어 끓인 물로 우려내는 방식은 현대 다법이라고 할 수 있다. 여기에서 각종 음차법이 등장하고 다도, 다예라는 말까지 생겨났다. 그러나 물을 부어 마시는 것이 차일진대, 각종 다관과 다구들은 오히려 번거로움을 더하는 것은 아닌지 걱정이다. 차는 자연의 선사품이다. 마시고 싶은 대로 마시면 되고 필요하다면 취향에 따라 자신이 좋아하는 무엇을 가미해도 나쁠 것은 없을 것이다.

　중국에서 차를 현재와 같은 방법으로 음미하기 시작한 것은 명대 이후의 일이다. 차를 찻잎 그대로 가공하는 것이나 다완이 아닌 자사茶壺를 사용한 것도 같은 시기의 일이다. 15세기 이전에는 중국에서도 대부분 잎차에 무엇인가를 섞어서 마시는 것이 일반적이었다. 이것은 자신들의 음식과 풍토에 맞추려는 매우 자연스러운 일이었다. 지역별로 다양한 음용법이 사용되었다는 것은 현재 중국의 소수민족에게 전해오는 다법에서도 알 수 있다. 보이차 산지 일대의 차 음용법, 하나를 알면 그것만 고집하는 우리의 '다도'에 혹 생각해볼 여지를 줄 수 있지 않을까?

보이차 산지의 소수민족 음용법

산지 주민들의 대부분을 차지하는 것이 **태족**傣族인데, 그들의 음차飮茶는 매우 원시적이다. 즉, 큰 찻잎을 따다 그늘에서 약간 띄운 뒤 솥에 넣고 거무스레해질 때까지 그대로 덖으면 기본차가 만들어진다. 이 차를 끓는 물에 우려내어 음용하는 것인데 차 원래의 맛이 강하게 살아 있다.

역시 산지 주민의 일원인 **포랑족**布郎族의 음용법은 약간 다르다. 그들은 여린 찻잎을 사용한다. 여린 잎을 덖은 후에 이 차를 다시 굵은 대나무통 속에 넣어 화롯불로 천천히 굽는다. 대나무가 검게 그을려지면 속에 넣은 차는 알맞게 익는다. 그릇에 이 차를 넣고 물을 부으면 차맛과 대나무 향이 어우러진 독특한 음료로 태어나는 것이다.

창원滄源의 주요 거주민인 **와족**佤族의 차 음용법 또한 특이하다. 그들은 고도로 농축한 차즙을 마시는 습속을 갖고 있다. 커다란 항아리를 불 가운데 놓고 물을 끓인 후 약 반근 분량의 녹차를 넣고 몇 모금의 진액이 될 때까지 달여 그것을 마신다. 이 차의 맛은 몹시 쓰고 비상하다. 하지만 마신 뒤의 감칠맛은 매우 뛰어나며, 통증을 가라앉히는 데 효과가 있다고 한다.

운남의 **봉경**鳳慶은 운남 홍차, 즉 '전홍滇紅'의 원산지인데, 이곳은 예로부터 매년 '다회茶會'가 열릴 만큼 차 문화가 발달했던 곳이다. 순녕차順寧茶, 봉산춘예鳳山春蕊 등은 역사적으로도 이름을 날렸으며 차마고도의 주인공인 마방馬帮들도 이곳 차를 이용하여 큰 소득을 얻었다고 한다. 이곳 차는 매우 세심한 제다 공정을 거치는데, 같은 차를 가지고 일 년 사시의 변화에 맞추어 시절에 맞는 다양한 차를 만들어낸다. 차를 달일 때는 그 어느 것도 가미하지 않고 그저 맑은 물로 달인다. 맛과 향이 매우 빼어난 것으로 정평이 나 있으며, 같은 차라도 잔의 회수에 따라 다양한 취향을 보여 다객茶客들의 찬사가 적지 않다.

운남 대리大理의 **백족**白族도 중국 소수민족의 하나인데 지금은 차마고도 변에서 근근이 명맥을 유지하고 있다. 그러나 백족은 과거 중국의 당송 시기에 '대리국大理國'을 건설하였

운남의 홍차, 전홍(滇紅).

보이차는 운남성 일대의 소수민족들이 즐겨마시던 차이다. 사진은 위 왼쪽부터 시계 방향으로 포랑족의 전통 마을과 합니족의 마을, 보이차의 중심 생산지역의 도시인 서쌍판납의 풍경. 티베트 유목민들이 즐겨 마시는 수유차를 만드는 광경.

던 민족이다. '삼도차 三道茶'는 대리국 시절 귀족층이 연회와 귀빈 접대용으로 애용하던 차이었는데, 이것이 민간에 전해지면서 현재에 이르렀다. 재료는 상품 上品의 운남 녹차에 꿀, 생강, 호두 등을 첨가하여 만든다. 만드는 방법은 준비된 차와 여러 재료들을 작은 옹기에 넣어 불에 굽는데, 차가 약간 갈색을 띠게 될 즈음에 끓는 물을 붓는다. 이렇게 만들어진

차를 다시 큰 사발에 옮기고 끓인 물로 농도를 조절하면 마실 수 있는 기본 차가 만들어진다. 이것을 개인용 다완에 알맞게 따르고 여기에 위의 첨가 재료를 그대로 다완에 다시 넣으면 된다. 한 다완의 차는 세 번까지 음용할 수 있다. '삼도차'는 세 번 마실 수 있는 차라는 뜻인데, 각각 맛이 다르다. 첫 맛은 쓰고, 다음 맛은 달며, 세 번째는 감미로운 뒷맛이 남는다. 삼도차는 대리大理가 의지하는 점창산의 기가 담긴 샘물로 우려 내면 제격이라고 한다.

유목민의 '수유차酥油茶'

차의 특이한 음용법에서 빼놓을 수 없는 곳이 유목사회의 풍경일 것이다.

수유차는 티베트에서 귀빈을 접대할 때 사용되는 네 가지 보물 중의 하나이다. '사보四寶'는 '하다(티베트불교에서 사용하는 의식용 스카프)' '단향檀香' '장향藏香' 그리고 수유차를 말하며, 이는 티베트에서는 필수 불가결한 물건들이다. 차가 이렇게 귀한 대접을 받는 것은 알려진 대로 유목민들의 제한된 음식과 관계가 있다. 고원에서는 채소가 자라기 어렵기 때문에 그들이 먹는 식품은 육류와 유제품이 주종이 될 수밖에 없다. 그러므로 차는 이들에게 결핍된 채소의 성분을 공급하여 육

식의 부담을 덜어 주었고, 이로써 고원의 단순 소박한 생활 속에 또 하나의 다른 세계를 맛볼 수 있었던 것이다.

수유차의 제조 방법은 우선 보이차(전차 등의 압축차)를 주전자나 솥 등의 용기에 넣고 푹 고아낸다. 이것을 통에 넣고 버터나 치즈, 소금 그리고 기타 향료를 같이 넣는다. 기본 재료는 유제품과 소금이며, 향료 등의 첨가물은 맛을 위한 것이어서 지역에 따라 다양하게 선택된다. 그리고 이 모든 재료들을 잘 융합하는데 보통 대나무 혹은 나무통을 사용한다. 나무통은 자전거 공기주입기와 매우 유사한데 안을 뚫어 놓아 펌프질이 가능하게 만들었다. 펌프질을 거듭할수록 차가 잘 혼합되는데 이를 걸러내 그릇에 담으면 새로운 먹거리가 탄생하는 것이다. 유목민에게 알맞은 기능을 하는 매우 '독특한 차'이다.

수유차를 만드는 차통.

중국 북방과 남방의 차 음용법

중국 북방 사람들은 생활이 비교적 단순 질박한데, 이것은 차 마시는 면에서도 여실히 드러난다. 차는 대체로 쟈스민과 같은 화차를 애용하며, 차 도구 또한 특별한 무엇이 없다. '대완차大碗茶'는 바로 북방 사람들의 차 마시는 습관을 일컫는 용어로, 사발형의 다완을 사용하는 데서 유래한다. 차 사발茶

碗은 받침 접시, 뚜껑과 함께 한 세트가 되고 겉은 중국풍의 채색이 가해진 자기 용기이다(북경의 '노사다관老舍茶館'에서는 북경 사람들의 차 마시는 풍속을 그대로 재현하고 있다. '대완차', 찻잔에 담긴 차와 약간의 다식용 간식 그리고 가무와 마술 등 중국식 볼거리가 제공된다).

용정차와 같은 녹차류의 차는 유리컵을 사용하는데, 유리 용기 안에서 독특한 모습으로 펼쳐지는 찻잎을 감상할 수 있다. 용정차를 유리컵에 넣고 끓인 물을 부으면 좋은 용정차는 일제히 위로 솟구치다가 서서히 하나하나 밑으로 가라앉는다.

북방보다 우리의 흥미를 더 끄는 것은 중국 남방의 풍습이다. 차를 차통에서 꺼내는 것에서부터 시작하여, 물을 끓이고 차를 달여 이를 마시는 것에 이르기까지 필요한 모든 것들을 세심히 따진다. 그 과정 하나하나에 각기 다른 도구가 사용되고 도구와 절차에도 품격 있는 용어들이 사용된다. 중국인들이 이를 '공부차工夫茶'라 부르는 걸로 보아 상당한 '내공'을 요하는 것임을 알 수 있다. 일종의 문화적 품격이다. 남방에서는 북방 사람들의 차 마시는 풍을 빗대어 '우음牛飮', 즉 '소 물 마시듯' 한다고 말한다. 차는 작은 잔을 사용하여야 입 안에서 굴리듯 음미할 수 있는 자미가 생겨난다. 남방의 공부 차는 사실 발효차가 갖는 특성을 발휘하기 위하여 작은 전용 다호茶壺와 작은 찻잔을 이용한다. 소꿉장난 같아 보여 졸렬한 느낌이 들지만, 그러나 이것은 발효차 특유의 향과 맛을 음미하기 위한 것으로, '우음牛飮'으로는 도저히 그 진수를 맛보기 어렵다. 차를 달이는 데도 여러 세세한 도구를 필요로 하는 것도 음미하기 위한 불가피한 변화일 것이다.

부록

보이차기普洱茶記

완복阮福

천하에 보이차의 명성이 떨쳐지고 있다. 맛이 진하여 경사京師(북경)에서 특히 귀히 여긴다. 내가 운남에 가보고 또 『운남통지』를 검색하여 보았으되 상세한 내용을 얻을 수는 없었고 다만 유락攸樂, 혁등革登, 의방倚邦, 망지莽芝, 만전蠻磚, 만살曼撒 6대 차산이 언급되고 그중 의방倚邦, 만전蠻磚의 차가 맛이 가장 좋다고 되어 있다.

옛 자료에 의거하건대, 현재의 보이부는 과거 서남이西南夷라 불리던 민족들이 거주하는 변방 지역으로 역사적으로 조정에 귀속된 적이 없었다. 단취檀萃의 『전해우형지滇海虞衡志』에는, 언제부터 보이차의 이름이 떨쳐지게 됐는지 알 수 없다고 하였다.

송나라 때 범성대范成大는 "남송시대 계림의桂林의 정강靜江일대에서는 차로 서번西蕃(현재의 티베트)의 말과 바꾸었다"고

하였는 바, 이는 운남의 남쪽에는 차가 있지 않았다는 말이다. 이석李石의 『속박물지』에는, 차는 은생銀生의 여러 산에서 생산되며 수시로 채취하여 이를 후추, 생강 등과 섞어 조리하듯 끓여서 마신다고 하였다. 보이는 과거에 은생부에 속하였고 서번에서 보이차를 음용한 것은 이미 당나라 때의 일이다. 송대 사람들이 이를 알지 못하고 계림지역에서 차로 말을 바꾼다고 하였는데 운남에서는 말이 나지 않는 것은 물론이다. 이석 또한 남송대 사람이다.

본조(청조) 순치 16년에 운남을 평정하였다. 추장은 귀순을 하였음에도 또 배반을 하니 끝내는 주살을 당하였다. 이로부터 통판을 두어 관할케 하였으니 소속의 보이 등 6대 차산을 통합하여 보이부普洱府를 설치하고 군사를 주둔시켰다. 사모思茅의 지사는 군사를 사모에 주둔케 하였는데 사모는 보이부에서 120리 길이다.

소위 보이차는 보이부의 경내에서 생산되는 것을 말하는 것이 아니라 부 소속의 사모 일대에서 산출된다. 사모청 관할 지역에는 차산이 6곳 있다고 하는 바, 의방倚邦, 가포架布, 습공習崆, 만전蠻傳, 혁등革登, 이무易武를 일컫는데, 이는 『통지』의 기록과 서로 다르다. 내가 오랜 시간을 들여 공차貢茶의 진공(진상) 내력을 점검하여 보았더니, 매년 진공하는 차는 포정

사의 『사고』「동식항飲食項」 조목에 나열되어 있고, 은 일천
냥을 지급하였는데 사모청이 이를 수령하여 전표로 구매하였
으며, 또 차 보관용 주석과 도자기 그리고 비단 상자와 나무
상자 등의 구입 경비로 사용하였다.

차는 사모 현지에서 생찻잎 3-4근을 채취하여야 성차 한
근을 얻을 수 있다. 매년 진공에 대비하여 만든 차는, 단차團茶
로는 다섯 근짜리, 세 근짜리, 한 근짜리, 반 근짜리, 한 냥 오
푼짜리가 있고, 또 도자기병에 담긴 여린 잎의 아차芽茶와 예
차蕊茶 그리고 상자에 담은 차고茶膏 등 여덟 종이 있으며, 사
모의 지사가 책임을 맡아 은을 주고 거둬들인다.

『사모지고思茅志稿』에는 그 지역의 혁등산革登山에 차왕茶王
나무가 자라는데 다른 차나무보다 훨씬 크고 높으며 토착인
들은 이 찻잎을 채취할 때 술과 음식을 차려놓고 제를 드린다
고 적고 있고, 또 차는 주로 6개의 산에서 생산되는데 맛과 기
질은 흙의 성분에 따라 달라서 붉은 흙 또는 흙 속에 잡석이
섞인 곳에서 나는 차가 가장 좋으며, 소화 불량, 해독, 한기 제
거 등에 쓰인다고 적혀 있다.

2월에 채취한 차는 매우 가늘고 색이 희며 이를 모첨毛尖
이라 하여 진상용으로 쓰이고, 진상용의 차가 만들어진 후에
야 민간의 판매가 허락된다. 채취한 차는 쪄서 손으로 주물러

단團이나 병餅으로 만든다. 찻잎이 여리고 부드러운 것을 아차芽茶라 하고, 3-4월에 채취한 차는 소만小滿이라 부르고, 6-7월에 채취한 차는 곡화穀花라 이름한다. 크고 둥근 형태는 긴단차緊團茶라 하며, 작고 둥근 차는 여아차女兒茶라 하는데 여아차는 부녀자가 채취하며 곡우 전에 맛볼 수 있는 것이니 바로 네 냥짜리 단차가 그것이다. 차가 상인들의 손에 건네지면서 내부는 거칠지만 외부는 좋은 차로 모양을 내는 경우가 있는데, 이를 개조차改造茶라 부른다. 차를 주무를 때(揉) 차 덩이 내부에 황색의 곧은 줄기를 미리 넣어두는데 이를 일러 금옥천金玉天이라 하고, 차가 단단하게 굳어져 바뀌지 않는 것은 흘탑吃塔(응어리 혹은 종기 딱지)차라 한다. 맛이 순후한 것은 얻기가 매우 어렵다. 차농들은 낫이나 호미로 차나무 옆에서 자라는 초목까지도 함께 베어 섞어 맛이 고약하여 내다 팔 수 없거나, 또는 다른 것들과 한 그릇에 넣어두는 탓에 이상한 맛이 배어 마실 수 없는 경우도 있다. (淸代)

차마고도茶馬古道와 마방馬幫

유래 '차마고도茶馬古道'는 중국 서남부와 외지와의 상품 교역로를 말한다. 차茶라는 상품과 말馬이라는 운송 수단이 주역이 되어 개척되었던 길이다. 당송 이래 중국은 국경 부근의 주요 거점 지역에 주변 민족과의 '호시互市'를 열어 각종 상품을 거래하였다. '차마호시'는 바로 유목 사회와 중원 간에 이루어지던 교역을 일컫는다. 중국과 유목사회 간에 심각한 갈등도 있었지만 당송 이래로 상호 거래를 위한 교류는 끊이지 않았던 것이다.

노선 현재 우리가 '차마고도'라고 부르는 노선은 그 교역의 연장선을 말하며, 광의의 차 교역로와 협의의 차마고도를 함

보이차의 교역로였던 차마고도의 옛 길. 차마고도에서 대표적인 것이 운남을 거쳐 험준한 산맥을 넘어 티베트에 도착하는 일정이다.

티베트로 향하는 차마고도의 지
도. 서쌍판납에서 출발해 티베
트에 이르는 길과 사천의 아안
에서 티베트에 이르는 두 가지
길이 있다.

께 아우르는 단어이다. 차마고도는 모두 17개의 노선이 있는
것으로 알려져 있는데 여기에서는 주요 노선을 중심으로 소
개한다.

  1) 협의의 차마고도는 주로 티베트와 그 주위의 유목사회를
    통하는 교역로로, 중국 서남부(운남의 보이普洱와 사천의
    아안雅安)를 기점으로 티베트와 청해 등 유목형 제 민족
    들이 거주하는 광범위한 지역과 연결된다.
      세간의 주목을 받는 차마고도는 바로 운남 보이를 기
    점으로 삼아 티베트에 이르는 노선이다. 보이를 출발한
    차도茶道는 북쪽으로 대리大理를 거쳐서 여강麗江의 남쪽

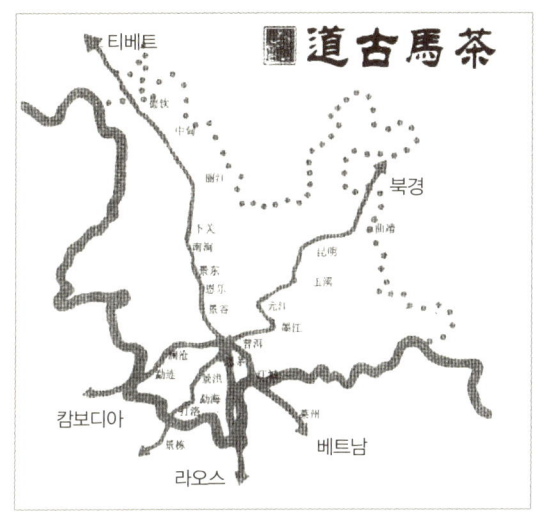

茶馬古道

티베트

북경

캄보디아

베트남

라오스

차마고도의 다양한 노선들. 티베트와 동남아시아, 북경에 이르는 노선이 표시되어 있다.

에 도착하여 금사강金沙江 변의 석고진石鼓鎭에 이른다. 운남의 경내를 거치는 이 길을 '고차도古茶道'라고 부르고, 길의 일부가 돌로 포장되어 있어 '석괴고차도石塊古茶道'라고도 부른다.

이 길은 금사강과 난창강, 노강을 건너야 하며 세 강을 가르는 횡단산맥의 험산준령을 통과하고서야 비로소 티베트고원에 들어선다. 티베트고원의 서부에서, 사천에서 출발한 노선과 이어지고, 여기서 라사로 향한다. 티베트에서 다시 히말라야산맥을 넘으면 네팔까지 이어지기도 한다.

2) 차 교역로는 광범하였다. 운남 서부를 지나 인도와 네팔로 진입하는 길도 있는데, 이 길은 고대부터 이어져온 교역로로 인도에서 불교가 전래된 길이기도 하다.

3) 또 캄보디아, 태국, 미얀마 등 동남아로 통하는 교역로도 있으며

4) 베트남으로 통하는 길도 있었다.

5) 차 운송로가 외부로 향한 것만은 아니었다. 청대에 운남의 보이차는 '공차貢茶'라는 이름이 붙여져 곤명을 거쳐 북경으로 운송되었다. 운남의 상품은 차를 중심으로 국내외에 두루 관계하고 있었던 것이다.

이 때문에 일부에서는 차마고도를 분류하면서 육대 노선을 설정하기도 한다. 하지만, 동남아와 인도 등의 사회와 유목사회와의 차이점을 간과하고 있다. 티베트 같은 유목사회에서의 차에 대한 필요성 그리고 이 필요에 부응하고자 마방들이 지불하였던 엄청난 대가를 한 묶음으로 똑같이 취급하기에는 너무 가벼운 처리가 아닐까?

마방 차마고도를 언급할 때 '마방馬幇'을 빼놓을 수 없다. 차마고도의 주역인 '마방'들은 운남과 티베트 사이의 4,5천 킬로미터의 길을 산을 넘고 강을 건너는, 말 그대로 험난한

이 여정을 맨 걸음으로 왕래하였다. 말과
노새, 낙타 등이 짐을 나르는데 동원되었
는데, 마방들에게 이들은 여행의 동반자
나 다름없는 소중한 존재였다. 그들이 없
이는 이 여정은 아무런 의미도 가질 수 없
었기 때문이다. 운남의 서북부 일대에는
아직 그 명맥을 이어가고 있는 '마방'들
이 있다.

차마고도(茶馬古道)의 주인공은 마방(馬
幇)이다. 마방은 말이나 노새에 차를 비
롯한 여러 물자를 싣고 수개월씩 히말
라야의 험준한 산맥을 넘어 티베트 사
람들에게 가져온 물건을 전하는 교역을
하는 이들이다. 사진은 현재 생존하고
있는 마방 나덕수 옹.

   참고로 차마고도의 자취는 지금도 여러
곳에서 볼 수 있다. 사모현思茅縣 카방고 주방의 차마고도는
폭 1.5미터의 너비로 수 킬로미터 이어지고 있으며, 사모현
삼가촌三家村 교외와 나가리那柯里의 길은 약 30
킬로미터, 보이 차암당茶庵塘 길은 12.5킬로미터
가 잔존해 있고, 돌바닥 위에 선명한 말발굽이 지
난 세월을 각인시키고 있다. 차마 교역로를 통하
여 중국은 차와 소금 등을 수출하였고, 티베트로
부터 말과 노새 그리고 모피와 양털, 피류, 사향
같은 귀중한 약재를 수입하였다. 동남아로부터
는 비취와 진주 등 각종 보석과 현지 특산물이 수
입되었는데, 이 교역로를 따라 번성하였던 옛 시

운남 이무에서 사모에 이르는
약 240km의 차마고도. 청나
라 때 민간이 건설해 1990년
대 이전까지 사용되었다.

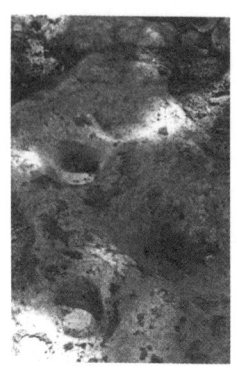

장 가운데서 미얀마 접경의 보석 교역시장은 지금도 여전히 활기를 띠고 있다. 중국이 현재 추진하고 있는 동남아 상권의 권역화 전략대로라면 이 거점 지역은 더욱 왕성하게 될 것이다.

차마고도에 나 있는 말발굽 자국.

 **마방의 재출현**

2005년 10월 14일. 북경에 운남의 마방 대열이 출현하였다. 청말 마지막 마방 이후 166년만의 일이다. 40여 명의 마부와 120여 필의 노새로 조직된 이 마방 대열은 운남의 보이를 출발하여 5개월의 여정 끝에 북경에 도착했다. 약 5천km를 차마茶馬와 함께 육로로 걸어왔고, 노새의 등에는 약 4t 가량의 보이차가 실려 있었다. 차의 보급과 판매가 주목적이었지만, 여기에는 문화라는 이름이 내걸렸다. 운남성 대외문화교류협회와 차업협회 등이 공동 주관한 이 행사는 제7차 보이차엽절의 문화행사 일환이었고, "마방차도 서공경성馬幇茶道, 瑞貢京城"이라 이름을 걸고 전국의 주요 도시를 방문하였던 것이다. 행사의 서두를 장식하였던 것은 이 시대 최후의 마방으로 알려진 86세 나덕수 옹의 말채찍이었다고 한다.

보이차 관련 지명 중국어 발음

가포架布(찌아뿌)

강성江城(쟝청)

경곡景谷(징꾸)

경매景邁(징마이)

경홍景洪(징홍)

고리庫里(쿠리)

곤명昆明(쿤밍)

금사강金沙江(진쌰쟝)

난창강瀾滄江(란챵쟝)

남나산南糯山(난눠산)

녕이寧洱(닝얼)

대리大理(따리)

만전蠻磚(만쫜)

망지莽芝(망쯔)

맹고勐庫(멍쿠)

맹해勐海(멍하이)

보이普洱(푸얼)

봉경鳳慶(펑칭)

불해佛海(포하이)

사모思茅(쓰마오)

사천四川(쓰촨)

서쌍판납西雙版納(씨솽반나)

아안雅安(야안)

여강麗江(리쟝)

운남雲南(윈난)

유락산攸樂山(요우러산)

의방倚邦(이빵)

의홍宜興(이씽)

이무易武(이우)

창원滄源(창웬)

포랑산 布郎山(뿌랑산)

하관下關(쌰꽌)

혁등革登(꺼덩)

周紅杰,『雲南普洱茶』, 雲南科技出版社, 2007

周紅杰,『雲南名茶』, 雲南出版集團公司 雲南科技出版社, 2006

張弘 編,『普洱茶』, 中國輕工業出版社, 2007

鄧時海,『普洱茶』, 雲南科技出版社, 2004

廖義榮,『品味普洱』, 雲南科技出版社, 2005

南國嘉木 編,『走出茶馬古道的普洱茶』, 中國市場出版社, 2006

陸羽, 陸廷燦 編,『茶經』, 雲南人民出版社, 2006

王秋墨 編,『中國老茶具典藏圖鑑』, 中國輕工業出版社, 2006

柯秋先 編,『茶書-茶藝, 茶道, 茶經, 茶經講讀』, 中國建材工業出版社,
　　2006

徐曉村 主編,『中國茶文化』, 中國農業大學出版社, 2007

雲峰 編,『品茶地圖』, 農村讀物出版社, 2005

艾梅霞Martha Avery,『茶葉之路*The tea road-China and Russia*』,
　　中信出版社 五洲傳播出版社, 2007

南國嘉木 編,『新說 茶經』, 中國市場出版社, 2006

陳新榮, 陳濬 編,『趣談雨林植物』, 德宏民族出版社, 2005

張增祺,『滇國與與文化』, 雲南美術出版社, 1997

『雲南普洱茶』, 雲南出版集團公司 雲南科技出版社 雲南民族茶文化研
　　究會, 2007년 봄호

보이차 수첩

엮은이 _ 글을읽다
펴낸이 _ 김예옥
펴낸곳 _ 글을읽다

초판 1쇄 발행 2009년 7월 20일

등록 _ 2005년 11월 10일(제138-90-47183호)
주소 _ (437-829)경기도 의왕시 포일동 83-1(2F)
전화 _ 031)422-2215, 팩스 _ 031)426-2225
이메일 _ geuleul@hanmail.net

자문 및 자료 제공 _ 陳新榮

본문디자인 _ 성인기획
표지디자인 _ 심선경
분해 · 인쇄 · 제본 _ (주) 현문

ISBN 978-89-93587-04-3 03590
값 9,500원